La Répub[lique]

compassionn[elle]

DU MÊME AUTEUR

LE NOUVEAU DICTIONNAIRE DES GIROUETTES (en collabo-
ration avec Sophie Coignard), Robert Laffont, 1993.

LES TROUILLARDS DE LA RÉPUBLIQUE, Balland, 2002.

MOI VIVANTE, *roman*, Balland, 2003.

Michel Richard

La République compassionnelle

BERNARD GRASSET

PARIS

C'est pourtant un joli mot, la compassion. Souffrir avec, être en sympathie, prendre sa part de la peine, de la douleur, du mal ou du malheur d'autrui. C'est un mot d'humanité, moins sulpicien qu'apitoiement, plus généreux que pitié. Il dit la main qui se tend, le regard qui communie, le cœur qui s'ouvre.

Quel beau système, alors, devrait être une République compassionnelle. Attentive à ses citoyens, fraternelle, protectrice. Qui tordrait le cou à ces monstres froids que sont réputés être les Etats, indifférents aux vies et aux sorts individuels au nom d'une certaine idée de la politique qui ne va pas sans sacrifices ou dégâts collatéraux. Qui mettrait l'homme, l'individu, le quidam à sa vraie place – la plus éminente dès lors qu'il souffre. Qui prémunirait tout un chacun des mauvais coups qu'on n'ose plus appeler « du sort » tant on verrait là le signe d'un fatalisme moyenâgeux, qui secourrait les malheureux n'y ayant néanmoins pas échappé.

Quel beau système... sauf qu'ainsi, il accouche d'une République châtrée, toute dévolue à la consolation, consacrée à la doléance, vouée au secourisme, une République victimaire et lacrymale, confite de bons sentiments, obsédée de prévention, de protection et de précaution.

Cette république dont nous parlons, c'est la nôtre, bien entendu, qui, dans une dérive très contemporaine, se soucie désormais moins de la chose publique que de la gestion publique de la chose privée.

Montesquieu, analysant la République dans *L'Esprit des lois*, lui voyait comme « principe » moteur – il entendait par là « les passions humaines qui font mouvoir un gouvernement » – la *vertu*, c'est-à-dire l'amour de la patrie. Le « principe » de la République compassionnelle, c'est l'*émotion*, c'est-à-dire la dévotion au malheur de chacun qui, d'ailleurs, pend au nez de tous, ce qui en fait une appréciable matière première.

La République compassionnelle, c'est, en toute laïcité, une république confessionnelle dont la main sur le cœur serait la religion, les victimes dans le rôle des servants et les gouvernants comme officiants.

La France, sur ce chemin d'une société lacrymale avancée, peut s'enorgueillir d'avoir pris sur ses voisins autrement barbares d'impressionnantes longueurs d'avance. Y a-t-il beaucoup de pays au monde à avoir inventé un ministère dévolu aux Droits des victimes ? Celui-ci fut certes lui-même victime d'un fâcheux remaniement ministériel qui chassa son titulaire mais garda intact l'esprit qui avait présidé à sa création.

A preuve, les instructions présidentielles, largement popularisées, qui font obligation à chaque ministre d'être disponible à tout instant, vacances comprises. Le malheur, hélas, ne connaît pas les saisons, ni le répit. Un incendie ici ; le malaise simultané de trois résidents (on ne dit plus pensionnaires) d'une maison de retraite là ; un bus qui se couche sur un bord d'autoroute ailleurs... Les ministres au garde-à-vous sont à l'affût, prêts à s'envoler.

On ne s'étonnerait pas d'apprendre qu'un nouveau bâtiment soit construit à Villacoublay, dans l'enceinte de l'aéroport militaire d'où partent les avions officiels : une annexe gouvernementale n'y serait pas inutile où les ministres seraient à pied d'œuvre pour partir illico. Et qui sait si, demain, n'y camperont pas un ministre d'Etat de la Fraternité et de la Compassion ou son secrétaire d'Etat au soutien psychologique et au travail de deuil ?

Car c'est ainsi, désormais.

Gouverner, ce n'est pas simplement prévoir, ni choisir, ni séduire. C'est compatir, c'est tenir la main de ses compatriotes, c'est leur prendre le pouls, tâter leurs fronts. C'est se porter au chevet de tous les lits de douleur, aux portes de toutes les morgues. C'est tremper son sucre dans le sang de tous les drames et dans les larmes de tous les malheurs.

On appelle ça de la gestion compassionnelle.

C'est un métier.

C'est celui de nos gouvernants.

Gouvernants ? Aumôniers, plutôt. Manitous de la consolation, grands prêtres du réconfort, dispensateurs auto-désignés de la parole salvatrice, seuls dépositaires d'un saint chrême laïc sans lequel un malheur n'est pas vraiment reconnu, ni la douleur apaisée.

Ainsi les citoyens sont-ils devenus des patients ou des victimes.

Faute de savoir les gouverner, on les calme, on les plaint. Faute de savoir leur parler et quoi leur dire, on prie. Faute de savoir où les mener, on les balade dans le no man's land du bon cœur et des bons sentiments.

Une autre façon de faire de la politique, ou plutôt de ne plus en faire.

Cette maladie, à ce niveau de gravité, est à ajouter à la liste déjà fournie des maux français, que l'on préfère appeler « exceptions françaises » ou « modèle français ».

Certes, aucune démocratie ne peut être désinvolte aux heurs et malheurs de son peuple. Aucun gouvernement ne peut faire fi des émotions collectives de ses citoyens sans s'exposer à de sévères rétorsions électorales, ce qui fait réfléchir. Mais la plupart d'entre eux, pour autant, ne se laissent pas distraire de leur fonction principale qui est d'agir et de faire bouger – bien ou mal, c'est une autre affaire – leur pays. Que l'on regarde simplement, ces dix dernières années, la marche, fût-elle malaisée, de nations comme l'Espagne, la Grande-Bretagne, l'Allemagne ou les pays scandinaves. Conscients des problèmes, souvent identiques à ceux de leurs voisins, nos gouvernants, eux, se défaussent. Ils surcompensent dans le compassionnel, flatteur cachemisère et commode alibi de leur inertie politique.

1.

La meute des saint-bernard d'État

Il faut en être. Il faut y être. Ici, là, partout où frappe le malheur. On leur reproche d'être lointains ? Les politiques se vautrent dans l'humain.

C'est devenu leur quotidien, leur obsession. Tout manquement à cette politique du bon samaritain vaut faute professionnelle, avec risque, à la clé, d'un licenciement sans préavis. Les voilà donc programmés pour être les grands ordonnateurs des pompes doloristes, toutes affaires cessantes.

Janvier 2004. Quelques secondes après son décollage de l'aéroport égyptien de Charm el-Cheikh – direction Paris-Charles de Gaulle via Le Caire – le Boeing 737 d'une compagnie charter se crashe dans la mer Rouge, provoquant la mort de 148 personnes dont 133 touristes français.

La République se met en branle : dans les

heures qui suivent se manifestent ainsi de diverses façons le chef de l'Etat, le Premier ministre, le ministre des Affaires étrangères et son secrétaire d'Etat, le ministre des Transports et son secrétaire d'Etat, le ministre de l'Intérieur, le porte-parole du gouvernement. Pas moins de 25 communiqués ou réactions officielles[1]. Dominique de Villepin, alors au Quai d'Orsay, et Renaud Muselier se rendent sur place. Jean-Pierre Raffarin, Gilles de Robien et Dominique Bussereau vont à Roissy soutenir les proches des victimes. Jacques Chirac lui-même se rend à Orly pour rencontrer les familles dûment soutenues par dix médecins et cinq aumôniers de toutes religions, avant leur embarquement pour se rendre sur les lieux de la catastrophe – un voyage organisé par les autorités françaises.

La règle d'or de la gouvernance compassionnelle

Est-ce être désinvolte vis-à-vis de ce drame bien réel que de s'interroger sur ce déploiement de mouches du coche étatiques ? Car chaque excellence mobilisée ne se contente pas de pro-

---

1. C'est *Le Canard enchaîné* du 14 janvier 2004 qui a fait le compte.

pos bienvenus exprimant émotion et chagrin au nom de la nation tout entière. Elle entend bien montrer qu'avoir le cœur gros ne la dispense pas de l'avoir à l'ouvrage. D'où une série de mâles déclarations. « Les autorités françaises se mobilisent », avertit d'emblée le Quai d'Orsay le 3 janvier, ce qui est bien le moins. Peu après, Matignon confirme en faisant savoir que Jean-Pierre Raffarin « a aussitôt demandé à l'ensemble des services de l'Etat de se mobiliser », ce qui est un acte fort de gouvernement. Le lendemain, confirmation élyséenne de la confirmation matignonnesque : Chirac « s'assure en permanence de l'efficacité de mesures prises par les autorités françaises ». Deux jours après, confirmation parlementaire de la confirmation élyséenne : Jean-Louis Debré, président de l'Assemblée nationale et, à ce titre, sourcilleux observateur de l'exécutif, atteste « la totale mobilisation du gouvernement ». Le mercredi encore, le porte-parole du gouvernement rapporte à la sortie du Conseil des ministres que « le Président de la République a demandé à ce qu'un point précis soit fait sur l'action du gouvernement ».

Difficile de faire mieux et de le faire savoir autant. Qui se douterait, alors, qu'il faudra aux familles des victimes attendre plus d'un an et demi après le crash pour récupérer les corps de leurs proches et bien plus avant d'être indemnisées ? La « mobilisation » n'aurait-elle duré que le temps d'une première émotion ?

Sur le moment, en tout cas, mise à part l'assistance logistique et psychologique apportée aux familles, qui n'est certes pas un détail, on ne sait pas trop ce que fait d'autre le gouvernement, mais assurément on est prié de croire qu'il le fait à fond. Un cas de figure exemplaire d'un branle-bas de combat national, alors pourtant que l'accident n'avait rien à voir avec un attentat qui aurait visé et atteint la France à travers ses ressortissants, qu'il s'est produit à des milliers de kilomètres de la France sans qu'elle y soit pour rien, et sur un appareil étranger de surcroît.

Justement : n'être strictement pour rien dans le drame et déployer pourtant tous ses atours compassionnels, n'est-ce pas là, dans cette gratuité, que s'expriment au mieux la bonté, la sollicitude, la fraternité de l'Etat ? N'est-ce pas parce qu'elle est désintéressée, pure de toute culpabilité, vierge de tout remords que cette mobilisation officielle trouve son vrai prix et révèle la bonne nature de ceux qui la décident ?

Ce pourrait être une des règles de la gouvernance compassionnelle : moins on est responsable, plus il faut se mobiliser. Faire d'autant plus gros. En saint-bernard qui n'ont aucune part dans les avalanches.

Hélas, le corollaire de cette règle n'est pas vrai, qui commanderait de se faire petit, sinon de se faire oublier, quand l'événement résulte plus ou moins d'un péché d'Etat, par action ou par omission.

Quand le pouvoir pèche par où il excelle

Il nous faut parler ici de l'affaire la plus inattendue, la plus incompréhensible, la plus traumatisante qui soit arrivée depuis longtemps à un pouvoir pourtant affranchi, initié et rompu au b.a.-ba des mouvements du cœur.

L'affaire, en cet été 2003, de la canicule. Un raté qui ne s'explique pas. Car, enfin, ni Raffarin, ni ses ministres et moins encore Jacques Chirac ne sont des débutants en matière de compassion. Voilà des années que le Président s'y ébroue ; Raffarin, tout en humanistes rondeurs, n'est pas manchot non plus. Les ministres sont à bonne école. Or, cet été-là, c'est la panne. La canicule frappe à plein, les personnes âgées meurent en grand nombre, victimes pour beaucoup de l'incurie collective ou de l'indifférence familiale. Pas un ministre sur le front.

Si, un, tout de même, celui de la Santé, intervenant à la télévision de son lieu de villégiature dans le Sud, chemise ouverte. Pire que tout. Il minimise, cite des chiffres à la baisse. Pourtant, le pic de chaleur est encore à venir qui fauchera des milliers de vieux, débordera les pompiers et submergera tout ce que Paris compte de morgues. Manque de cœur ? Personne ne lui fera cet injuste procès. Mais défaillances d'Etat, de vigilance, de systèmes d'alerte sanitaire, de dispositifs à la hauteur : oui. Coupable de désinvolture, le ministre : à l'image de sa chemise ouverte, le pouvoir n'est plus tenu. Le Tout-Etat est en vacances, Chirac au Canada, Raffarin en petite montagne, Mattéi dans le Sud, Fillon on ne sait plus où. Tous incrédules, tous inertes devant un phénomène météo inédit, tous pris en défaut.

Eux, les experts de la com., se sont plantés. L'impensable est arrivé : le pouvoir a péché par où il excellait. Et c'est d'ailleurs le seul *mea culpa* auquel il ait consenti : s'être laissé prendre de vitesse, non pas tant dans les mesures à adopter, que dans la gestion, affective et médiatique, d'un drame collectif.

Un raté qui lui coûte cher, très cher. Tout cafouille, les mois suivants, pour le pouvoir. L'opinion lui en veut ouvertement. Lui est assommé par le discrédit que lui vaut son asthénie estivale.

Car rien n'y fait : ces bévues-là ne se rattrapent pas. Vous pouvez envahir les hôpitaux, hanter les maisons de retraite, offrir par tournées générales des verres d'eau à des vieux hébétés sous les caméras priées de filmer la séquence « le gouvernement au chevet de la France d'en bas », vous pouvez multiplier les indécences, vous pouvez, toute honte bue, vous afficher en secouristes dégoulinants. Trop tard ! Tout sent trop la session de rattrapage. Les acteurs le réalisent si bien, d'ailleurs, qu'ils surjouent cette mauvaise comédie qui veut faire oublier leurs carences, leurs absences, leurs vacances, leur vacance.

La compassion, c'est un métier de précision.

En cet été 2003, ils ont salopé le métier.

On ne les y reprendra plus.

Etat d'alerte maximum. Et permanent. Plan « Vigi-B.A. » pour tout le monde.

Y a-t-il encore un ministre qui ose prendre des vacances, un week-end, un déjeuner tranquille ? Qui sait si la simple éventualité d'une possible menace d'un événement potentiellement fâcheux ne tournera pas à l'apocalypse ?

Au beau milieu d'un hiver dernier, Météo France annonçait de la neige, oui, de la neige en décembre. Tout de go, la préfecture de police – tels maîtres, tels auxiliaires – multipliait les communiqués recommandant de ne pas prendre la route ou, au moins, de se munir de couvertures et de boissons chaudes. Sans attendre, le ministre des Transports allait visiter en grand appareil un centre de salage routier.

A ce jour, mais les choses bougent vite, il est à peu près assuré qu'une grosse inondation vaut visite présidentielle, un incendie de forêt de belle facture celle du ministre de l'Intérieur, un carambolage d'une certaine ampleur le déplacement du ministre des Transports et une épidémie intestinale celui de la Santé. Il devient difficile, à qui le voudrait, d'éviter le parachutage d'une quelconque excellence à quelques encablures de lui. C'est que, tant qu'à être mobilisés à plein temps, autant que ça se voie. A quoi bon rester l'arme au pied, c'est-à-dire le téléphone à la main, en vain, sans que personne n'en sache rien ? Le seuil du « top départ » ministériel ne cesse de ce fait de baisser. Malheur au pauvre vacancier accidentellement blessé, demain, à distance raisonnable de la villégiature d'un ministre à l'affût !

2

De la bonne et mauvaise compassion

Il serait absurde d'affirmer que la compassion d'Etat n'est jamais légitime en soi. Ni que les politiques, pour ne pas déchoir, seraient tenus à une sorte de devoir de réserve sentimentale, condamnés au hiératique, cantonnés au technocratique. Personne, en fait, ne peut trouver à redire quand un Président, son Premier ministre ou tel ou tel membre du gouvernement se rendent sur des côtes qu'une marée noire a gravement souillées, menaçant l'économie locale et sacrifiant l'environnement. Pas davantage quand ils visitent une région qu'une inondation a mise sous les eaux ou qu'un incendie de forêt a carbonisée.

Nous ne sommes certes jamais vraiment dupes. Ni leur venue sur zone, ni leur survol en hélicoptère, ni leur participation à une quelconque cellule de crise réunie à la préfecture du coin ne changent quoi que ce soit au feu, à l'eau ou aux marées, même s'il ne faut pas exclure que leur déplacement stimule l'un ou l'autre de ces organismes qui font de la France, trop souvent, un pays sur-administré mais sous-responsabilisé. Nous n'en sommes plus à ce stade de pensée magique où la venue d'un roi ou de l'un de ses vizirs était censée dissoudre le mal.

N'empêche, leur irruption en équipage reste la manifestation, bienvenue, que les représentants de l'Etat compatissent au malheur d'une population et lui portent, au nom de la nation, un message de solidarité et la promesse d'un secours exceptionnel. Ce n'est pas rien.

Des drames plus individuels peuvent aussi justifier cette compassion d'Etat. Quand un ministre de l'Intérieur se rend au chevet d'un policier blessé en opération, ou à l'enterrement d'un autre, il est dans sa fonction de représentant et de garant de l'ordre républicain qui a été agressé. Sa présence a valeur de message politique, dépassant le seul soutien qu'elle apporte aux victimes ou à leurs familles.

Quand Nicolas Sarkozy, lors de son premier passage au ministère de l'Intérieur, y reçoit régulièrement Mme Erignac pour l'informer des développements de l'enquête pour retrouver l'assassin de son mari, il ne reçoit pas seulement une femme qui a perdu son mari, mais la veuve d'un préfet qui a été assassiné parce qu'il représentait l'Etat en Corse. Quand le même, au cours de l'été 2005, se rend à deux reprises sur la base de Marignane pour les obsèques de deux équipages de Canadair qui se sont crashés en luttant contre le feu, il n'accompagne pas seulement des maris et des pères de famille, mais les servants d'une sécurité civile au service de tous. De même, quand le Président de la République écrit personnellement, au début de décembre 2005, aux acquittés d'Outreau, ces gens accusés à tort de pédophilie ou de viols sur enfants par une instruction délirante d'amateurisme et d'aveuglement, quand le garde des Sceaux et le Premier ministre recoivent ces treize victimes dont la vie et l'honneur ont été brisés, ils ne sont pas « gratuitement » compassionnels mais les responsables d'un Etat qui s'excusent au nom d'une machine judiciaire devenue folle et s'engagent à réformer ce qui doit l'être.

Qui trouverait à contester, dans ces cadres-là, la fonction humaine *et* symbolique, compassionnelle *et* politique que remplissent les gouvernants ?

Mais... car il y a un mais, et même plusieurs, et même de plus en plus, et même de plus en plus gros, qui vicient, et dévoient et discréditent la compassion officielle. Qui la privent de sa légitimité et de son sens. Qui en font un instrument de com.

Le marché de la compassion. Ses surenchères et son cynisme. Ses postures et ses impostures. Un grand bazar indigne qui ne serait que ridicule si les politiques n'avariaient pas les bons sentiments pour mieux tromper leur monde, s'ils ne faisaient pas d'un drame une matière première à leur service, s'ils n'embauchaient pas malgré elles les victimes dans leur petite stratégie d'image.

Les victimes brevetées d'État

Commençons par le plus bénin. Cette zone grise où tout peut se discuter encore.

On vient de dire la légitimité qu'il y avait pour Nicolas Sarkozy (ou quiconque d'autre) à recevoir Mme Erignac, visiter ou saluer policiers et pompiers blessés ou tués dans l'exercice de leurs fonctions. Sarkozy en est le patron. Il se comporte jusqu'au bout comme tel [1]. Fort bien. Même si des esprits prosaïques feront remarquer qu'assistant aux obsèques de l'un, il devient impossible de ne pas aller à ceux de tous,

---

1. « Entre Noël et le Jour de l'An, j'ai appelé les veuves des policiers, gendarmes et pompiers tués en 2003 : 54 morts. » (Nicolas Sarkozy dans *L'Express* du 19 janvier 2004.)

sauf à établir une invraisemblable hiérarchie. Nicolas Sarkozy se rendait ainsi, fin août, à son cinquième enterrement de pompiers de l'été 2005 : une jeune femme sapeur-pompier volontaire de 20 ans, cette fois, décédée après qu'un mur de hangar agricole en feu s'était effondré sur elle.

On est plus perplexe sur son implication personnelle dans l'affaire Crémel. Le 2 juin 2005, Nelly Crémel est sauvagement assassinée alors qu'elle fait son jogging près de la Ferté-sous-Jouarre. Une affaire qui bouleverse le pays, dont le ministre de l'Intérieur. Lequel prend l'initiative de recevoir l'époux de la victime et de se rendre en hélicoptère, le 21 juin, aux obsèques de la jeune femme. Pourquoi, au juste ? On peut avancer une explication : l'un des deux suspects du meurtre avait déjà été condamné à perpétuité en 1990 pour un assassinat commis dans des conditions voisines et était en libération conditionnelle depuis 2003. L'apprenant, Sarkozy mettait directement en cause le magistrat irresponsable qui avait pris cette décision (quoiqu'elle fût prise, en fait, par un collège de magistrats après des avis multiples et une procédure parfaitement normale) et enfourchait l'un de ses chevaux de bataille : la lutte contre la multirécidive. Sarkozy a-t-il voulu, en s'impliquant personnellement dans le deuil de la famille Crémel, donner un poids supplémentaire, émotionnel, à son combat politique visant à sévir davantage contre les multirécidivistes ? Admettons.

Mais que dire alors d'une autre de ses initiatives ? Durant l'été 2003, Audrey, une jeune fille dont les parents habitent l'île de Ré, rentre du marché où elle tient ce mois-là un banc d'huîtres. A 300 mètres de leur domicile, ses parents découvrent son cadavre. Là encore, l'émotion est immense et l'affaire fait la une de plusieurs journaux et J.T. En août, Nicolas Sarkozy reçoit 45 minutes, dans son bureau, les parents de la jeune fille. Pourquoi ? Personne n'aura envie de flétrir à la légère cette démarche du ministre de l'Intérieur. Mais on peut s'interroger. Pas de message politique, cette fois, sauf à dire qu' « être contre le crime » en soit un. Est-ce vraiment le métier d'un ministre de l'Intérieur ? Et pourquoi recevoir les parents d'Audrey ? Et pourquoi pas d'autres parents d'autres victimes, qui ne manquent pas, hélas ? Serait-ce parce que le crime de leur fille a, beaucoup plus que d'autres, été médiatisé ? Et tant pis pour les victimes de crimes plus anonymes ?

Audrey, Nelly... On voit le procès. Sarkozy aurait-il besoin d'émotions fortes pour inspirer ses projets politiques ? Ne se met-il pas en scène, tout sincèrement affecté qu'il puisse être, pour s'imposer en héraut des victimes, dont il a fait sa cible privilégiée depuis longtemps, ce qui n'a d'ailleurs rien de répréhensible en soi [1]. Mais pas seulement en héraut d'en haut. En héraut au ras du drame, au cœur du malheur. « Quand la mère [d'Audrey] me dit de l'assassin : « "Je veux le tuer", après je ne peux pas tricher », raconte-t-il [2]. « J'y ai vu [à l'enterrement de Nelly Crémel] sa fille de 12 ans et son mari. J'ai dû affronter le regard du père et de la fille pour demander pourquoi un assassin avait été remis en liberté comme cela et avait tué leur mère, leur femme [3]. »

Ainsi, dans cette zone grise du compassionnel, deux dérives existent-elles. Celle du toujours plus et, si l'on ose dire, du toujours plus petit drame. Autant dire, alors, que le ministre qui succomberait à cette tentation devrait s'y adonner à temps plein et il n'est pas sûr que l'on attende ça de lui. Le risque, aussi, de l'arbitraire et de l'incohérence. Pourquoi telle victime béné-

---

1. Le 20 juin 2005, dans son discours aux préfets, le ministre déclare vouloir mettre les victimes « au centre des préoccupations de la politique de sécurité ». Dès avant, interrogé sur la disparition du secrétariat d'Etat au droit des victimes, il avait déclaré que c'était un ministre d'Etat, dorénavant, qui s'en occuperait. Et, le 16 juin, il assistait aux XXIe assises de l'Institut national d'aide aux victimes et de médiation (Inavem) à Montauban.
2. *L'Express* du 19 janvier 2004.
3. AFP du 23 janvier 2005.

ficiera-t-elle de la grâce d'Etat, tandis qu'une autre sera privée de l'onction qui estampille un malheur ?

Dans la nuit du 25 au 26 août 2005, un incendie ravage un immeuble du XIIIe arrondissement de Paris où vivent des familles nombreuses originaires d'Afrique. Dix-sept personnes trouvent la mort dont quatorze enfants. Toutes les autorités de la République communiquent leur émotion, communient à la « douleur des familles cruellement touchées par ce drame » et, naturellement, demandent aux services chargés de l'enquête d'agir « avec diligence pour déterminer les circonstances exactes de ce sinistre ». Nicolas Sarkozy, à 2 heures du matin, se rend sur place, et plus tard Jean-Louis Borloo, ministre de la Cohésion sociale, et le maire de Paris, Bertrand Delanoë, en pleurs... Trois jours plus tard, le 29 août au soir, un incendie ravage un immeuble vétuste du IIIe arrondissement de Paris que squattaient des familles africaines. Sept personnes trouvent la mort. La machine à communiqués républicaine fonctionne à nouveau à plein, avec les mêmes formules rituelles (« condoléances »... « émotion »... « causes du sinistre »...). Mais cette fois pas de ministres dans les décombres. On se demande pourquoi. Faute de pouvoir tout faire ? Début de lassitude ? Erosion émotive ? Le second drame, pourtant, n'est pas moins atroce que le premier : le feu est le même, ce sont les mêmes corps qui brûlent, les mêmes personnes originaires du même continent. Mais bon... peut-être tout simplement est-il plus difficile d'être crédible la deuxième fois que la première. A trois jours de distance, devoir redire que jamais pareille catastrophe ne doit se reproduire...

L'édification par le malheur

Si le soupçon existe – sur la sincérité de la compassion, sur l'instrumentalisation des victimes –, c'est qu'il a mille raisons d'exister, toutes données par les politiques eux-mêmes qui, en forcenés de la compassion, perdent la raison jusqu'à l'indécence. Le pathétique de ces professionnels qui rêvent d'aller se faire voir ailleurs, n'importe où mais au contact d'un drame qui les grandira, forcément. Le malheur, c'est ainsi, paraît être la forme d'édification favorite de notre époque, par laquelle on porte à la vertu et à l'exemple. Tout pousse à croire que les politiques attendent de sa fréquentation assidue une flatteuse contagion : sont-ils bons à se colleter ainsi aux pires situations ! Sont-ils dévoués et courageux !

Tout le monde, d'ailleurs, a son pauvre, sa cause, son combat ou son label. Vous connaissez un chanteur, une Première dame, un top model, une actrice, un sportif qui ne soit pas ambassadeur de l'Unesco, défenseur des sans-papiers, protecteur de bébés phoques ? Tout le monde en escompte quelque profit : on ne peut pas agir pour une cause sans que celle-ci, admirable bien entendu, ne dise un peu quelque chose de vous. L'ennoblissement par la cause. Aucune raison pour que les politiques ne cherchent pas, eux aussi, à collectionner ces brevets de bonté. Sauf que, ce faisant, ils se « peoplisent » en même temps qu'ils se dépolitisent : ils dévoient leur fonction spécifique dont on attend plus la justice que la bonté.

3.

Les parts de marché
de la compassion

Ainsi les responsables politiques se livrent-ils à une sorte de course à l'échalote. C'est à qui s'emparera le premier d'une catastrophe, en fera son affaire, c'est à qui captera les victimes comme on capte un héritage (et comme on le détourne), à qui attirera sur lui la lumière, faciès bouleversé sur fond flatteur de ruines.

La cohabitation entre Jacques Chirac et Lionel Jospin a offert quelques exemples de cette compétition. L'affaire AZF, de ce point de vue, confine au chef-d'œuvre. Le vendredi 21 septembre 2001, une explosion dans l'usine chimique AZF de Toulouse provoque une catastrophe majeure. Dès 13 heures, le Premier ministre est sur les lieux, accompagné de quatre ministres. Jacques Chirac, lui, déjeune à l'Elysée avec le président sénégalais, Abdoulaye Wade.

Doit-il se rendre à Toulouse ? Tous ses collaborateurs, rapporte *Le Figaro*[1], y sont hostiles : s'y rendre « à chaud » donnerait l'impression de « courir après Jospin ». Où l'on voit, au passage, la part calculée de l'émotion que pèsent et soupèsent les sphères qui nous gouvernent. Seul Dominique de Villepin, alors secrétaire général de l'Elysée, pense le contraire. Comme Jacques Chirac lui-même, d'ailleurs, qui écourte son déjeuner. L'Elysée fait savoir à Matignon que le Chef de l'Etat souhaite être accueilli sur place par le Premier ministre. Sauf qu'à peine arrivé, Chirac lui fait faux bond et file au poste des premiers secours. Jospin poireaute un moment à la préfecture et file sans avoir vu ni croisé le Président. Pendant les catastrophes, la vie politique, qui est un combat, continue...

Des politiques de parade émotionnelle

Pas besoin, du reste, de cohabitation pour qu'on se dispute sauvagement les parts de marché de la compassion.

En mai 2004, cent vingt-sept tombes sont profanées dans le cimetière juif de Herrlisheim

---

1. *Le Figaro* du 27 janvier 2001.

(Haut-Rhin). Cascade de communiqués officiels condamnant tous avec la plus grande fermeté ces actes de vandalisme. Dans le sien, le ministre de la Justice (Dominique Perben) annonce en outre qu'il dépêche sur place Nicole Guedj, secrétaire d'Etat aux Droits des victimes. Inacceptable invasion de territoire, aux yeux du ministre de l'Intérieur (Dominique de Villepin). Arbitrage en faveur de la Place Beauvau. Perben : 0 Villepin : 1. Lequel annonce son arrivée en Alsace tout de go. Nicole Guedj est privée de voyage.

Si l'on était juste, il conviendrait de consacrer un chapitre entier à Philippe Douste-Blazy. Car voilà quelqu'un – son côté médecin, sans doute – qui est toujours partant, toujours piaffant, quelqu'un – son côté show man obsédé de l'estrade, sûrement – qui sait magnifiquement y faire : le masque de pitié qu'il se plaque sur le visage relève de l'art de l'icône.

Était-ce pour mieux faire oublier le retard à l'allumage des autorités françaises après qu'un tsunami a frappé l'Asie du Sud-Est le 27 décembre 2004[1] ? Était-ce pour se mettre à l'unisson d'une opinion publique qui, elle, a

---

1. Jacques Chirac, n'interrompant pas ses vacances à Marrakech, s'est certes fendu de trois communiqués, les 27, 29 et 30 décembre, mais ne s'exprimera vraiment que lors de ses vœux du Nouvel An.

réagi au quart de tour ? Était-ce pour incarner sur le terrain les déclarations plus mirobolantes les unes que les autres sur le rôle prééminent de la France dont on nous dit qu'elle a été « chargée de coordonner l'ensemble des moyens européens » de secours et qu'elle débloque des fonds comme personne – deux purs et simples mensonges ? Toujours est-il que Philippe Douste-Blazy, ministre de la Santé, est pressé d'arriver sur place. Il sera du premier vol affrété par le Quai d'Orsay. Destination : Colombo, la capitale du Sri Lanka, où l'attendent le ministre des Affaires étrangères du pays, des responsables d'ONG et... un duplex télévisé sur une grande chaîne française qui consacre au tsunami une soirée spéciale de solidarité. Las, à Roissy, son avion, un Airbus du commandement du transport aérien militaire, tarde à décoller. Il faut le dépouiller d'une cinquantaine de sièges pour pouvoir y loger cinq tonnes de matériel de purification d'eau et dix tonnes de médicaments. Tant pis : on laisse une tonne et demie de médicaments en rade. L'emploi du temps minuté de Douste-Blazy vaut bien ça[1]. Quelques ONG, là-

---

1. L'histoire est racontée par *Le Canard enchaîné* du 5 janvier 2005. « Nous avions des rendez-vous impérieux à Colombo », justifie l'entourage de Douste qui ajoute que le matériel resté à Roissy sera acheminé sur place par l'armée française deux jours plus tard.

bas, se souviennent encore de son aplomb à se faire le bienfaiteur du moindre colis.

Du reste, cette politique de la parade télévisée, le ministre la revendique : le style Kouchner. Justement : en ce tout début août 2005, Bernard Kouchner, qui alerte depuis un mois sur la famine au Niger, débarque sur l'aéroport nigérien de Maradi à bord d'un Antonov chargé de 18 tonnes d'aide alimentaire et affrété par son association Réunir. C'est franchement un peu vexant pour Douste : médecin lui aussi, mais en outre ministre des Affaires étrangères, se faire ainsi concurrencer ! En 36 heures, le Quai d'Orsay, fouetté par son remuant ministre, affrète un Boeing 747 cargo contenant 35 tonnes de vivres. Douste est à Niamey pour son atterrissage. A peine est-il posé qu'il grimpe dans la carlingue pour y donner une conférence de presse. Trois jours durant, il va, court, vole d'Airbus en Boeing puis en 4x4 « pour aller offrir des caisses de médicaments dans un village à 500 kilomètres de Niamey, où il est resté dix minutes, ou se faire photographier sous une tente de Médecins sans frontières à Tahoua[1] ». Douste appelle ça « une diplomatie éthique ». Plutôt un rallye médiatique Paris-Niamey !

---

1. *Le Monde* du 2 août 2005 et *Le Figaro* du 1er août 2005.

Cela dit, tout doué soit-il, Douste ne peut pas réussir à tous les coups sur le théâtre des opérations émotionnelles. Il s'est certes rendu à Chypre pour récupérer Florence Aubenas, tout juste libérée de sa détention en Irak, mais il fut prié de se montrer très discret à son arrivée à Paris. Rien ne devait parasiter l'accueil par le Président de la République de l'ex-otage à sa descente d'avion. Sa tentative, en août 2005, de se rendre au Venezuela après qu'un avion transportant 152 touristes martiniquais s'y était écrasé, a fait long feu. A peine avait-il annoncé son intention d'aller à Maracaibo que François Baroin, ministre de l'Outre-Mer déjà sur place à Fort-de-France, faisait donner à Paris tous ses relais auprès de l'Elysée et de Matignon pour expliquer que les victimes étaient des ressortissants français et que le ministre des Affaires étrangères n'avait strictement rien à voir dans ce drame. Gagné : Chirac lui-même téléphona à Douste pour le prier de laisser Baroin gérer seul cette affaire. Dépité, le ministre fit savoir qu'il avait juste voulu marquer « sa disponibilité »...

Une arme de déploration massive

Ce n'est pas pour autant que cette catastrophe aérienne fut traitée avec un service minimum gouvernemental. Au contraire, jamais un événement de cette nature ne fut célébré avec une telle ampleur : une communion compassionnelle nationale. Jacques Chirac est en vacances à Brégançon quand le drame survient. Tous les jours précédents, il a passé son temps, par communiqués, à féliciter (les athlètes français qui ont remporté sept médailles aux championnats du monde d'athlétisme d'Helsinki, l'abbé Pierre pour ses 93 ans, les responsables français d'Ariane 5) ou à compatir (avec Silvio Berlusconi quand un avion tunisien s'abîme au large de la Sicile ; avec la famille de Colette Besson qui vient de mourir ; avec le Président chypriote après le crash d'un Boeing près d'Athènes). Telles sont, désormais, les préoccupations présidentielles. Quand il apprend que le MD-82 colombien qui s'est écrasé n'a laissé aucun survivant et que 152 des 160 personnes à bord sont martiniquaises, il monte d'un cran et intervient aussitôt à la télévision. Rien, dans le studio exceptionnellement installé à Brégançon, ne permet au téléspectateur de penser qu'il n'est pas rentré à Paris[1]. C'est assurément le signe d'un grand professionnalisme. Qui sait si la compassion, exprimée de Bormes-les-Mimosas, n'apparaîtrait pas moindre que de Paris ? L'af-

---

1. *Le Monde* du 20 août 2005.

fliction moins intense ? Les condoléances plus désinvoltes ? Donc, on jurerait le Président à Paris. Et un Président affligé, évidemment, mais combatif et qui entend bien qu'on ne lui cache rien : il fait savoir qu'il a téléphoné à son homologue vénézuélien pour bien s'assurer que tout serait mis en œuvre pour trouver les causes d'une pareille catastrophe.

Il n'est pas le seul, d'ailleurs, à manifester une telle exigence. De tout l'été, on n'avait pas entendu Laurent Fabius, par exemple. Rien ne lui avait fait lever le sourcil. Le pétrole pouvait grimper, le livret A baisser, les autoroutes être privatisées, rien ne lui arrachait le moindre commentaire. L'opposition, il est vrai, a ceci de lassant qu'il y aurait chaque jour de quoi s'opposer. Mais là... il lui faut mettre son pion sur l'échiquier compassionnel. Dans un communiqué qu'il envoie à l'AFP, il exprime sa très profonde émotion et « demande au ministre des Transports [Dominique Perben] de diligenter en urgence une enquête sur ce drame affreux et d'en publier très rapidement les conclusions ». Intervention décisive !

Reconnaissons à l'ancien Premier ministre d'avoir bien choisi son unique cri de l'été. Car le pouvoir allait faire de cette incontestable catastrophe une arme de déploration massive. Tous les ingrédients y étaient : de nombreux morts, des familles décimées, mais victimes, aussi, une communauté et un département d'outre-mer, volontiers suspicieux vis-à-vis de la métropole et tentés par l'indépendantisme. Leur deuil s'ajoutait à des susceptibilités déjà à vif. Il fallait faire gros : pas moins qu'un deuil national. C'en fut un, en effet : une longue cérémonie organisée sur le stade de Dillon, à Fort-de-France, en présence naturellement de Jacques Chirac (qui précise ne s'être « même pas posé la question de sa venue »), de François Baroin, de François Hollande et d'autres nombreuses personnalités, une messe organisée à Notre-Dame de Paris en présence du Premier ministre Dominique de Villepin et de Bernadette Chirac (pour le coup, aucun « laïcard » n'y a trouvé à redire), les drapeaux en berne sur l'ensemble du territoire français, des heures de retransmission télévisée... Un dispositif inédit pour un accident aérien. Les familles des victimes de Charm el-Cheikh n'ont pas dû en revenir.

« Suivant que vous soyez puissants ou misérables... » : comme la justice, la compassion, si généralisée soit-elle, a ses hiérarchies. Autant qu'un sentiment, c'est une politique. Une posture dont on attend un bénéfice.

4.

Des victimes coûte que coûte

Rester à l'affût, ne paraître négliger aucune cause, surfer sur toutes les vagues émotives, les précéder si possible, cette addiction compassionnelle comporte les mêmes risques que l'addiction médicamenteuse : l'accident grave.

A peine reçue une information à potentiel lacrymal, dressés qu'ils sont dans le réflexe émotionnel, nos politiques foncent tête baissée. Il ne s'agirait pas qu'un autre les devance, raflant la mise. Il serait fâcheux qu'un temps de réflexion minimal leur vaille un injuste procès : atonie, désinvolture ou, qui sait même ?, complaisance vis-à-vis (rayer le mot inutile suivant l'affaire) du racisme, de l'antisémitisme, de l'homophobie, de l'exclusion, de la discrimination, du sexisme, du harcèlement moral, de la faim dans le monde, du libéralisme, du réchauffement climatique, de la mondialisation, tous fléaux incontestables. Sous la menace de pareils périls, nos Pavlov ministériels foncent donc. Y compris dans le mur.

Une vérité d'État

Le vendredi 9 juillet 2004, une jeune femme de 23 ans, habitant à Aubervilliers, vient dans l'après-midi déposer plainte au commissariat. Ce qu'elle raconte est terrifiant : le matin même, peu avant 10 heures, six personnes, de type maghrébin et noir, l'ont attaquée, elle et son bébé, dans un wagon du RER D. Elles fouillent son sac à dos, déchirent ses vêtements, lui coupent une mèche de cheveux, dessinent sur son ventre, au feutre noir, des croix gammées. Dix minutes d'enfer entre les stations de Louvres et de Garges-Sarcelles. Aucun des passagers présents ne bronche. En s'enfuyant, les voyous renversent le landau du bébé de treize mois.

Le lendemain, à 19 h 42, l'AFP consacre une dépêche à l'affaire. A 21 h 54, Dominique de Villepin, ministre de l'Intérieur, rend public un communiqué condamnant « avec la plus grande fermeté cette agression ignoble aggravée de gestes racistes et antisémites ». Instruction est bien sûr donnée aux services de police de retrouver les auteurs dans les plus brefs délais. A 22 h 11, Jacques Chirac exprime son « effroi » face à « l'agression à caractère antisémite » et demande « que tout soit mis en œuvre pour retrouver les auteurs de cet acte honteux afin qu'ils soient jugés et condamnés ».

L'affaire est lancée, l'histoire d'un incroyable emballement médiatico-politique. Alors même que les enquêteurs sont on ne peut plus perplexes sur la réalité de l'agression, qu'il ne leur faudra que quelques heures pour découvrir la mythomanie de la plaignante (laquelle avait déjà porté plainte à cinq reprises depuis 1999 pour des affaires de vol ou d'agression « par quatre ou cinq noirs africains », toutes classées sans suite), alors que tout s'effondre très vite dans son récit, les politiques n'attendent pas une seule minute, eux, pour monter au créneau. Ils s'emparent de l'affaire. Lui donnent d'emblée la force d'une vérité d'Etat. Si le Président, si le ministre de l'Intérieur réagissent ainsi, un samedi, tardivement, ce ne peut être à la légère, n'est-ce pas ? Ils donnent le top départ à une avalanche de réactions, d'autant plus indignées les unes que les autres que tous les ingrédients de nos peurs contemporaines sont réunis dans l'affabulation de la jeune femme : l'antisémitisme, le train de banlieue, les bandes des cités, l'immigration maghrébine, la lâcheté collective. Jusqu'à la mèche coupée qui renvoie aux femmes rasées dans les camps nazis.

On ne rapporte pas ici le flot des indignations que toutes les institutions, forces politiques et syndicales, consciences et personnalités déversent sur les ondes ; on n'insiste pas sur la lettre de Raffarin à la « victime », sur le mot de Jean-Paul Huchon lors d'une réunion exceptionnelle du conseil régional d'Ile de France (« Les loups sont entrés dans Paris [1] »).

Tout le monde veut en être, et surtout pas en reste. La peur, toujours, que la simple et élémentaire prudence passe pour une effroyable tiédeur. Mais on s'étonne pourtant qu'un seul témoignage, d'emblée si suspect, que ne confirme personne, aucun agent SNCF, aucun passager même anonyme, et pas davantage les images des caméras vidéo installées sur les quais, ait pu connaître un tel succès, si l'on peut dire. C'est que, sans doute, l'affaire du RER D tombait à pic, à un moment où elle ne pouvait pas ne pas être immédiatement exploitée. Un processus quasi mécanique.

Deux jours avant qu'elle advienne, Jacques Chirac est au Chambon-sur-Lignon, ce village de Haute-Loire où des milliers de Juifs avaient été cachés et sauvés pendant l'Occupation. Entre deux bains de foule « à la Chirac » (« C'est dur pour les extrémités, rigolera-t-il ce jour-là, entre ceux qui vous marchent sur les pieds et les vieilles qui vous agrippent le bout de

---

1. Rapporté par *Marianne* du 17 juillet 2004.

la main »), il y fait l'un de ces discours qu'il veut fondateur, et plein de gravité. En l'occurrence, un fervent appel au « sursaut » face à la recrudescence des actes antisémites et racistes. Plusieurs rapports, de fait, émanant des Renseignements généraux ou de l'Inspection générale de l'Education nationale, confirment ce phénomène.

Ayant ainsi solennellement parlé, le chef de l'Etat pouvait-il ne pas surréagir quand survenait justement l'illustration des maux qu'il venait de dénoncer ? Les T.P. après la dissertation, en quelque sorte. Le cas pratique, en l'espèce, était trop beau pour qu'on ait envie de se montrer regardant. A cheval, donc !

Quand un ministre se fait policier,
juge et psy

Si quelqu'un n'a été ni chiche, ni regardant pour « breveter » la victime du RER D, c'est bien Nicole Guedj, sur le cas de laquelle il faut s'arrêter. Car cette avocate est à notre connaissance la première au monde à occuper un poste ministériel entièrement dévolu aux droits des victimes. Non pas qu'on ait jusqu'alors ignoré les victimes, et à juste titre. Dès 1983, Robert Badinter favorisait budgétairement la création des associations d'aide aux victimes. Une loi de juin 2000 renforçait leurs droits. Et une administration, le service de l'accès au droit et à la justice, s'occupait d'ores et déjà, au ministère de la Justice, des indemnisations ou de l'aide psychologique aux victimes. C'était bien, mais un ministère avait tout de même une autre allure. La compassion mérite davantage un maroquin que le Temps libre, le Développement durable et autres fadaises qui ont eu le leur. Jacques Chirac y tenait, il l'a fait. En expert, il sait qu'il faut faire gros.

Nicole Guedj, elle, voit grand. Il suffit de lire le décret d'attribution, daté du 30 avril 2004, qu'elle a elle-même rédigé. Elle sera gardienne des droits des personnes victimes « notamment d'infractions pénales, de faits de terrorisme, d'accidents collectifs, de sinistres sanitaires et industriels, alimentaires ou de santé publique, d'accidents écologiques, industriels, de catastrophes naturelles ou encore de discriminations et d'atteintes aux droits de l'homme ». Un texte très large, souligne Nicole Guedj[1], pour n'exclure personne. D'ailleurs, la secrétaire d'Etat entend bien s'occuper de « la mémoire des victimes du passé, de celles d'aujourd'hui, mais aussi des victimes potentielles ». Ce qui, on en conviendra, fait du monde.

---

1. *Le Monde* du 4 mai 2004.

Avec de pareilles attributions, tout fait pâture. La voilà donc, à peine nommée, commémorant l'action des musulmans morts pour la France lors du 59e anniversaire du 8 mai 1945, défilant à Villeneuve-de-Berg, en Ardèche, avec les proches d'une jeune femme assassinée par trois hommes qui en voulaient à sa carte de crédit, se rendant à Saint-Brévin-les-Pins, en Loire-Atlantique, où un petit garçon de 11 ans a disparu de son centre de vacances, visitant l'un des enfants victime d'un chauffard qui a fauché une famille à Loison-sous-Lens, dans le Pas-de-Calais... C'est son métier. « Secrétaire d'Etat aux gerbes de fleurs », ironise *Libération*[1]. « Non, je ne suis pas inutile », protestera-t-elle[2], s'en prenant à ces « esprits chagrins qui, par tactique ou conservatisme, ont d'emblée considéré que victimes et Etat ne pouvaient faire que mauvais ménage ».

Certes non. Mais le fourre-tout de son activisme compassionnel dit assez l'incroyable ambition de nationaliser tous les malheurs, comme si l'Etat, pas les services sociaux de l'Etat, pas les associations, pas le voisinage, pas la famille, mais l'Etat en lui-même représenté au plus haut niveau avait à voir directement avec les accidents de la vie, l'inconduite d'un chauf-

---

1. *Libération* du 29 mai 2004.
2. *Le Monde* du 30 septembre 2004.

feur, la distraction d'un moniteur, la fugue d'un enfant.

De là à faire jouer au politique un rôle qui n'est pas le sien... De là à jouer au policier, de là à s'ériger en assistante judiciaire, à se faire psy. Nicole Guedj aura été tout cela à la fois dans l'affaire du RER D. Elle s'entretient avec la « victime » par téléphone, la reçoit pendant plus d'une heure dans son bureau, se fait son porte-parole. Sur les ondes, à l'AFP, elle l'assure de son soutien, elle raconte sa version, elle se dit choquée d'apprendre qu'aucun des passagers de la rame n'était intervenu, elle lance un appel à témoin, elle cautionne de bout en bout les affabulations de la jeune femme paumée : « Elle a demandé de l'aide, elle a crié pour que l'on vienne défendre son enfant, ce qui n'a pas été fait. »

Même les victimes peuvent mentir.

Le silence pire que l'erreur

Evidemment, quand la vérité se fait jour, la cause antiantisémite et antiraciste n'y gagne pas. Fâcheux, assurément. Et pourtant rien ne montre que cet effet boomerang retienne les politiques ou les incite à la prudence. A preuve le fait que, sur ce terrain, ils n'apprennent rien, ne tirent aucune conséquence de leur précipitation passée. Car il y en a eu, des bourdes, avant celle du RER D, qui ne les ont instruits en rien.

L'affaire Farhi, par exemple, du nom de ce jeune rabbin blessé début janvier 2004 d'un coup de couteau à l'abdomen, alors qu'il se trouvait seul dans sa synagogue du XIe arrondissement de Paris et après qu'il avait reçu des menaces écrites au nom de l'Islam. Jacques Chirac lui fait parvenir illico une lettre où il condamne « avec la plus grande fermeté cet acte de violence intolérable ». L'enquête n'est toujours pas close, mais ne tient pas pour évidente la réalité de l'agression.

Ou encore l'affaire survenue à Epinay-sur-Seine en juin 2004. Un adolescent juif est frappé d'un coup de couteau par un homme qui aurait crié « Allah Akbar ». Dominique de Villepin se rend à son chevet. Il s'avère vite que l'agresseur s'en est pris à huit autres personnes, d'origine arabe, haïtienne, guinéenne ou portugaise, et que le déséquilibre psychiatrique est patent. Raté : car c'est le motif de l'agression – ici, l'anti-sémitisme – plus que l'agression elle-même qui vaut indignation officielle.

Quelques semaines à peine après l'affaire du RER D et malgré ses effets dévastateurs, l'incendie du centre social juif de la rue Popincourt, dans le XIe arrondissement de Paris, ne

déclenche pas moins la même aventureuse précipitation. Ainsi Jean-Pierre Raffarin et Bertrand
Delanoë, accourus sur place, condamnent-ils cet
acte d'antisémitisme quand il s'agit d'une simple
vengeance. Celle d'un homme furieux de la décision du centre social de lui faire payer désormais
le loyer du studio mis à sa disposition...

L'affaire Nouchet est un autre cas patent de
compassion à déclenchement automatique.
C'est d'homophobie qu'il s'agit cette fois,
mais l'on sait que, dans la panoplie officielle
des rejets, discriminations et exclusions à
combattre, l'orientation sexuelle est au même
rang que la religion. C'est donc naturellement
que Jacques Chirac, le 10 février 2004, écrit une
lettre au compagnon de Sébastien Nouchet qui,
aspergé d'essence, a été transformé en torche
humaine dans le jardin de son pavillon de Nœux-
les-Mines, dans le Pas-de-Calais. Ses agresseurs
lui auraient crié : « Tu vas crever, sale pédé ! » Le
Président dit toute son émotion face à ce
« crime odieux », cet « acte barbare » et assure
que « tout est mis en œuvre pour que les
auteurs de ce crime soient arrêtés et sanctionnés
comme ils le méritent ». Pas en reste, Dominique Perben s'empresse de recevoir la mère de
la victime et son compagnon. Une pétition lancée par SOS Homophobie transforme Sébastien
en icône du combat. Si bien que Jean-Pierre
Raffarin, ému, forcément ému, annonce un

texte contre l'homophobie. Ainsi naît en décembre 2004 une loi Nouchet qui permet de réprimer les propos homophobes. Passons sur l'opportunité de cette loi, comme si le Code pénal ne suffisait pas déjà à réprimer les insultes, injures et autres outrages, passons sur cette démagogie purement communautariste, pour dire simplement que le patronage de Sébastien Nouchet ne paraît pas des plus judicieux. L'enquête n'a toujours pas conclu : l'homme a-t-il bien été victime d'une agression ou s'est-il lui-même aspergé d'essence dans un geste désespéré[1] ?

Avoir tout faux mais pas tort

Mais qu'importe, dirait-on, les icônes que le pouvoir intronise comme dignes de la compassion nationale. On les préférerait certes sans ombres ni reproches. Mais qu'elles n'existent tout simplement pas, qu'elles soient fausses, fictives, inventées, qu'on se soit laissé prendre comme un gogo, abuser, tromper, qu'on ait marché, qu'on se soit précipité, qu'on ait finalement volontiers accepté la possibilité de la

---

1. Voir « Homophobie : l'énigme Nouchet », dans *L'Express* du 23 mai 2005.

supercherie ou de l'affabulation et qu'on puisse ainsi prêter le flanc à la critique de la légèreté, broutilles que tout cela, dégâts périphériques infiniment moindres que le risque de n'avoir pas réagi à temps à l'ignominie, et le bénéfice médiatique à en tirer.

Le silence est pire que l'erreur. On ne compatit jamais trop, fût-ce à tort. Ce qui veut dire qu'on ne compatit jamais assez. Telle est la leçon qu'ont tirée les politiques de leurs bévues. Qu'ont-ils dit, d'ailleurs, de leur hystérie post-RER D ? Que si les faits sont faux, l'antisémitisme (ou l'homophobie) n'en continue pas moins d'exister.

Une pirouette dialectique qu'il faut apprécier à la mesure de la défausse qu'elle justifie. Car c'est peu dire qu'elle fait bon marché de la véracité des faits, tenus *in fine* pour accessoires quand ils se révèlent ne pas coller à la cause ; qu'elle ruine la force, pédagogique, démonstrative, émotive de la vérité ; qu'elle minimise les dégâts du mensonge, d'autant plus ravageurs qu'il a été monté en épingle. Mais voilà, il faut bien cet aplomb désinvolte pour s'exonérer de toute responsabilité d'avoir tenu à la va-vite pour vrai ce qui ne l'était pas.

Avoir tout faux, mais pas tort.

C'est aussi ce que pense Jacques Chirac. Interrogé sur l'affaire le 14 juillet, il a cette remarquable réponse : « C'est une affaire regrettable à tous égards. Mais je ne regrette pas. »

Crier au loup, et tant pis s'il n'y a pas de loup, voilà donc ce que l'on doit aveuglément à quiconque ressemble à une victime. On ne chipote pas le statut de victime. On l'accorde, on le décerne, on le décrète. Qui vous reprochera ce premier mouvement instinctif de compassion ? S'il y a finalement erreur sur la personne, c'est que nous avons été trop bons. Il y a pire procès pour un politique.

« L'ai-je bien descendu ? »

Ces bases étant admises, qui permettent et justifient toutes les débauches compassionnelles, à tout propos – fût-il perverti –, envers toute victime – fût-elle frelatée –, il ne reste plus aux politiques qu'à s'en donner à larme joie.

Se manifester n'importe quand, c'est une chose, mais n'importe comment en est une autre. On l'a dit : la compassion officielle est devenue un métier. Comme tous, il s'apprend. Mais comme il est relativement nouveau sur le marché, du moins avec cette ampleur et ce systématisme contemporains, on l'invente un peu tous les jours, on le raffine, on le peaufine.

Les média trainers, spin doctors et autres conseillers à l'image ajoutent donc cet ingrédient doloriste à leur potion. Savoir y faire avec le malheur, ne pas commettre d'impair, avoir l'attitude juste et crédible, c'est ce que l'on pourrait appeler avec cynisme la règle du « L'ai-je bien descendu ? », en référence à cette obsession qu'a toute meneuse de revue parvenue au pied du grand escalier de parade.

L'émotion doit se voir, mais pas trop. Faute de quoi, le spectacle que l'on donne à voir de son sentiment – affliction ou indignation – attente à sa véracité. Nourrit le procès d'indécence.

Au lendemain de l'accident de Saint-Nazaire, où la chute d'une passerelle provoqua la mort de quinze personnes qui s'en allaient visiter le *Queen Mary 2*, cinq députés socialistes se fendirent ainsi d'une tribune dans *Le Monde*[1] : « Personne, écrivaient-ils, ne dira qu'un élu ne doit pas être aux côtés de ceux qui souffrent, bien au contraire. Après la tragédie de Saint-Nazaire, par exemple, le Président de la République et le Premier ministre sont allés réconforter les familles et les blessés, ce qui se comprend.

---

1. « Non au voyeurisme compassionnel » dans *Le Monde* du 27 janvier 2004 par Jean-Pierre Balligand, Michel Françaix, Jean Gaubert, Nathalie Gantier et Didier Mathus.

Mais comment ont-ils pu accepter de se faire photographier et filmer sur les lieux du drame ? Comment, plus généralement, un représentant du peuple peut-il accepter de se mettre en scène, en vedette même, sur les lieux d'une catastrophe ? Comment permettre qu'une présence ministérielle soit l'occasion de traquer les larmes ? [...] "Je vois donc je suis vu" et "je suis vu, donc j'existe" : il semble que voyeurisme et exhibitionnisme compassionnels comblent d'aise certains élus plus que d'autres... »

Oublions l'attaque partisane. L'analyse reste bonne.

Il faut, en somme, que l'émotion officielle soit ostensible sans être ostentatoire. Tout un art !

Le problème vient de ce que le téléspectateur voit au-delà de ce qu'on lui montre, c'est-à-dire trop. On lui montre un Premier ministre tendant un verre d'eau à un vieillard. Il voit, ou devine, autour des deux héros, la meute des micros et des caméras, le déplacement en troupe organisée, dûment avertie, de la presse, tout ce que la scène a de théâtral, de monté, comme un spectacle. Comme un décor Potemkine au milieu duquel le Vieux, l'objet officiel de toutes les attentions, apparaît vite comme l'instrument malgré lui d'une campagne qui n'est pas la sienne.

Un prestidigitateur qui laisserait deviner ses

trucs : envolée, la magie ! Les politiques s'emploient donc à mieux faire. A casser les codes du convenu, du préfabriqué. Ce peut être trois fois rien, une simple trouvaille, comme ce coup de pied rageur donné par Jean-Pierre Raffarin dans une boulette de mazout sur la énième plage souillée par une énième marée noire. Il vaut tous les discours, ce coup de pied qui passe pour un cri du cœur. C'est un métier, on le répète, de haut niveau, à mille lieues de cette image désastreuse d'un Lionel Jospin, visitant on ne sait plus quelle région maudite, et se faisant porter par deux hommes, histoire d'épargner ses chaussures et ses bas de pantalon.

Dans l'ordre de la subtilité, se rendre quelque part en faisant savoir que presse et caméras n'y sont pas admises n'est pas mal non plus. Ainsi de Jean-Pierre Raffarin allant visiter les urgences de l'hôpital Bichat ou un centre Emmaüs pour SDF, ce qu'il appelait « des virées à taille humaine ». Pas la moindre image au JT. De simples commentaires après coup : « J'ai vu des gens merveilleux qui se battent contre des maladies incurables, j'ai rencontré des médecins, des infirmières extraordinaires. » Voilà pour Bichat. Pour Emmaüs : « J'ai vu des distributeurs de bonheur[1]. » De l'enthousiasme, de la

---

1. *Paris-Match* du 15 janvier 2005.

proximité, de l'attention à l'état pur qu'aucun montage ne vient vicier. Et si, d'ailleurs, il advenait qu'un photographe soit passé par là, par hasard, ait appuyé par habitude sur son déclencheur et publié sa photo, ce ne serait guère que la violation d'une générosité secrète et qui entendait le rester.

La stratégie du black-out, ce fut aussi celle de Jacques Chirac allant rencontrer les familles des victimes de Charm el-Cheikh. Pas d'image. Sauf tout de même 4 à 5 secondes où on le voit arriver dans sa voiture. Du rapide, du flou, du grand art : le subliminal, l'imaginaire prendront le relais, combien plus efficaces que les images réelles d'un Jacques Chirac en officiant mécanique du malheur officiel.

5.

L'addiction victimaire

L'une des multiples raisons pour laquelle les politiques usent et abusent de cette offre compassionnelle, c'est qu'il y a, en regard, de la part de l'opinion et démultipliée par les médias, une demande de cet ordre. C'est incontestable. Sans que l'on sache au juste, d'ailleurs, laquelle, de l'offre ou de la demande, tire l'autre. Si c'est l'idéologie caritative des gouvernants qui accouche, encourage et attise chez leurs administrés une culture victimaire ou si leur besoin de voir leur souffrance reconnue et validée d'un brevet d'Etat pousse cet Etat à en remettre encore dans le larmoiement, jusqu'à la bigoterie.

Il est juste en tout cas de remarquer que les pouvoirs paient cher tout manquement quand, par léthargie ou inadvertance, ils calibrent mal leur déploiement charitable.

On a vu ce qu'il en avait coûté au gouvernement Raffarin et à Jacques Chirac lui-même d'être restés amorphes, pire, en vacances, quand la canicule de l'été 2003 décimait les personnes âgées. Dans un registre moindre, Dominique Voynet, ministre de l'Environnement en 1999, au moment du naufrage de l'*Erika* au large des côtes bretonnes, se souvient encore de la volée de bois vert que lui ont valu ses déclarations (« Il ne s'agit pas de la catastrophe écologique du siècle ») comme le fait qu'elle soit allée à une conférence outre-mer avant de se rendre sur place.

Le même type de sanction s'applique également aux dirigeants d'autres démocraties. Les analystes expliquent ainsi que si Gerhard Schröder a remporté d'extrême justesse les élections législatives anticipées de 2002, c'est grâce à l'attitude pour le moins désinvolte qu'aurait eu son adversaire de la CDU-CSU, Edmund Stoiber, face aux inondations provoquées par une crue de l'Elbe.

Août 2005 : en vacances dans son ranch du Texas, George Bush, dans les premiers jours suivant le passage du cyclone Katrina sur la Louisiane et La Nouvelle-Orléans, ne comprend rien à la gravité et à l'urgence de la situation. Léger, flambard, hautain, il apparaît déconnecté et la multiplication de ses déplacements sur place comme de ses mea culpa tardifs ne l'empêche pas de plonger comme jamais dans les sondages de popularité, ce que n'avait pas réussi à faire à ce point la guerre en Irak. Encore attendait-on de lui moins de la compassion qu'une élémentaire efficacité dans les moyens de secours.

Mais nous parlons là de catastrophes, avec des victimes dont personne ne peut nier qu'elles le soient, là, ici, maintenant : des morts avérés, des dégâts tangibles, des conditions de vie, des situations de détresse – le tout provoqué par un événement climatique ou industriel ravageur.

Le malheur en héritage

Dans nos sociétés, là ne s'arrête pas, loin s'en faut, le nombre de victimes ou de ceux, du moins, qui en revendiquent le statut. La prétention victimaire, pour tout dire, atteint des sommets. Pas un groupe, pas une minorité, pas un quartier d'une cité, pas une corporation, pas même un individu, dirait-on, qui ne se trouve justifié à se dire victime de quelque méchant, d'aujourd'hui ou du passé, sinon victime « de la société », ce qui est assurément le nec plus ultra.

Dans *La Tentation de l'innocence*[1], Pascal Bruckner voyait dans cette victimisation, à quoi

1. *La Tentation de l'innocence*, Paris, Grasset, 1995.

il ajoutait l'infantilisme, « deux manières de fuir la difficulté d'être, deux stratégies de l'irresponsabilité heureuse ». « Personne, écrivait-il, ne veut plus être tenu pour responsable, chacun aspire à passer pour un malheureux même s'il ne traverse aucune épreuve particulière. » La décennie qui s'est écoulée depuis la parution de son ouvrage lui a donné raison au-delà de toute espérance.

C'est dorénavant de compétition victimaire qu'il faut parler entre minorités. C'est à qui brandira son « plus » de malheur, son « plus » d'injustice, son « plus » d'oppression pour s'attirer un « plus » de sympathie générale et le statut réparateur qui va avec.

Le mètre étalon de l'horreur absolue étant le génocide juif, chaque minorité, chaque communauté à revendication identitaire se veut le Juif d'une situation ou d'une époque ayant eu ses bourreaux. Le Juif devient le référent, celui par lequel une cause atteint son pesant d'horreur, mais un référent jalousé, comme trop envahissant, faisant de l'ombre à d'autres causes, à d'autres drames [1].

---

1. « Acceptons de reconnaître que cette compétition des victimes a été inaugurée par ceux-là mêmes qui refusaient qu'il pût y en avoir une. Les Juifs ayant décrété, souvent à raison, que rien n'était comparable à la Shoah, ils en ont tiré, souvent à tort, un statut supérieur à celui des autres

C'est au nom de cette « concurrence des mémoires » que l'humoriste Dieudonné mène sa croisade, comparant plus ou moins explicitement les six millions de Juifs victimes du nazisme aux quarante millions de Noirs victimes de la traite négrière et de l'esclavage. Surenchère et confusion. Car ce n'est pas être esclavagiste que de lui rétorquer que le but du trafic n'était pas la mort des esclaves noirs : tout au contraire, les « pertes » étaient à mettre dans la colonne passif des bilans négriers. D'un côté, extermination, de l'autre ignoble exploitation. Apporter ce correctif conceptuel ne revient en rien à nier le scandale propre à l'esclavagisme, ni à vouloir le taire.

Mais, bien au-delà de Dieudonné, l'affaire est si sensible, les communautés si à vif que ce type de comparaison a valu à un historien, Olivier Pétré-Grenouilleau, auteur d'un livre, *Les Traites négrières. Essai d'histoire globale* (Gallimard), la menace d'un procès intenté contre lui par le Collectif des Antillais, Guyanais et Réunionnais. Etait-il attaqué pour avoir montré que les traites existaient avant l'arrivée des Blancs et démontré que la traite occidentale n'aurait pas atteint l'ampleur qu'elle a eue sans les réseaux de traites intra-africains ? Nullement.

---

victimes de l'histoire. » (Jean Daniel, « Appeler un chat un chat », *Le Nouvel Observateur*, 1er-7 décembre 2005.)

Mais pour avoir, dans une interview, émis des réserves sur le principe même de la loi Taubira du 21 mai 2001 reconnaissant l'esclavage et la traite des Noirs comme crime contre l'humanité. Un avis considéré comme révisionniste !

Fin 2005, la France paraît être au bord de la crise de nerfs identitaire. Les banlieues s'enflamment treize nuits durant. Le philosophe Alain Finkielkraut y décèle un phénomène « ethnico-religieux ». Scandale. Un auteur voit dans le Code noir la préfiguration des lois de Nuremberg et en un Napoléon esclavagiste le précurseur d'Hitler, tandis que la France officielle répugne à célébrer le 200ᵉ anniversaire de la victoire d'Austerlitz. Polémique. Un amendement parlementaire invite les manuels scolaires à mettre en évidence « le rôle positif de la colonisation ». Nouvelle polémique. Le Président de la République juge bon d'intervenir, posant la bonne question de savoir si le Parlement ne sort pas de son rôle et de sa compétence en prétendant écrire une histoire qui deviendrait ainsi officielle, mais en instaurant aussi un Jour du souvenir pour la mémoire des descendants d'esclaves et en retoquant purement et simplement l'article incriminé. Sur le modèle du Crif, enfin, se crée le Cran, le Conseil représentatif des associations noires...

Tout s'affronte : les mémoires spécifiques à chaque communauté (Noirs, Beurs, Harkis,

Pieds-noirs) et l'histoire, comment on la respecte, comment on la dévoie et comment on l'enseigne.

Le passé colonial, ou esclavagiste, de la République fait en tout cas un retour en force pour nourrir des revendications et demander des comptes à l'État : être noir ou beur, en France, n'est-ce pas être descendants d'esclaves, ou de colonisés, ou d'immigrés, n'est-ce pas être des victimes de l'Histoire ?

Une part de vrai et une autre d'alibi anachronique accouchent inéluctablement d'une analyse simpliste selon laquelle les problèmes des populations issues de l'immigration découleraient de la colonisation, en seraient une survivance sur le territoire français. Ceux qui s'appellent « indigènes de la République », fils ou petits-fils de la colonisation française, souffrent pourtant beaucoup moins du colonialisme d'hier que « de la sauvagerie et de la dureté économiques d'aujourd'hui, assez largement transnationales [1] ».

« Peut-être, remarque le sociologue Michel Wieviorka [2], les groupes culturels, identitaires, ont-ils besoin de passer par une étape "victi-

---

1. « L'Histoire contre la loi du passé », par Gilbert Meynier, professeur émérite d'histoire contemporaine à l'Université de Nancy, *Libération* du 25 juillet 2005.
2. *Libération* du 19 avril 2004.

maire". C'est en se mobilisant comme victimes qu'ils obtiennent qu'on parle de certaines choses [...]. Mais il ne doit s'agir que d'une étape. Car à fonctionner uniquement comme victimes, à se constituer uniquement dans une identité négative, à s'enfermer dans une histoire lacrymale, on risque de se porter tort à soi-même, de s'emprisonner dans la rage, la violence, la haine injustifiée, ou la mélancolie, plutôt que de se projeter vers l'avenir. »

Mais la complainte est tellement plus commode, et mobilisatrice, et payante ! Pour faire triompher une cause, la pose de l'humilié est infiniment préférable à celle du battant ou du combattant. Mieux valent que tout la plainte historique, l'acte d'accusation, le procès en injustice, l'exigence d'une repentance, la revendication d'une réparation. Le malheur d'aujourd'hui ne peut avoir de meilleure origine (ou excuse...) que le malheur d'hier, le malheur originel, le malheur hérité.

Où l'on voit ainsi poindre un raisonnement qui voudrait que le statut de victime, comme celui de bourreau, soit héréditaire et transmissible, comme si les descendants étaient responsables des horreurs commises par leurs ancêtres jusqu'à la nuit des temps. La France a battu sa coulpe pour les « dérives » de la répression lors de la décolonisation malgache ou les massacres du 8 mai 1945 en Algérie. Faut-il qu'elle s'excuse encore du rétablissement de l'esclavage par Napoléon et des guerres de religion ?

Le devoir de mémoire, devenue une « scie », serait fâcheusement dévoyé s'il n'était que la sublimation d'une démagogie en vertu de laquelle le passé serait seul responsable de tous les sorts présents. S'il n'était qu'une repentance sans fin, chapelet de mea culpa que l'on gâtifie, au lieu d'être une leçon utile pour le présent[1].

Seul comptable, seul coupable

Nulle injustice historique à se mettre sous la dent, pas de ségrégation notable ni de discrimination particulière à signaler, aucune exclusion caractéristique dont s'indigner, mais l'homme contemporain, l'individu « normal », si l'on ose dire, ne se sentent pas moins justifiés à se considérer comme victimes et à être traités comme telles. Une propension d'époque que philosophes et sociologues ont soigneusement auscultée et dont nous reprendrons ici à grands traits

---

1. C'est au nom du devoir de mémoire et du respect dû aux victimes que l'on a pu, en France, en 2005, démettre de son poste de conseiller dans un cabinet ministériel la petite-fille de Maurice Papon, dont le seul crime était de porter ce nom-là. Devoir de mémoire ? En l'occurrence, une honte d'Etat.

les analyses, non sans schématisme ni extrapola-
tion personnelle.

Depuis qu'il est sans Dieu – et pire que ça sans
Eglise –, sans maître, ni syndicat, ni parti,
l'homme se sent un peu seul. Tel est son sort,
exaltant sans doute, mais vaguement stressant
aussi. D'autant que le contexte ajoute à son
désarroi.

La laïcisation de toutes choses, c'est-à-dire
leur réduction à l'état laïque, leur privation de
supérieur et de sublime, le désenchantement qui
s'ensuit, le déficit de foi – en Dieu, dans le pro-
grès ou à des lendemains qui chantent –, la perte
d'une étoile polaire, quelque nord qu'elle
indique, le « relativisme » ajouterait Benoît XVI,
tout cela – et la dureté des temps – laisse l'homme
fort dépourvu.

Libre, certes. Affranchi, indépendant, délivré
d'une obéissance présumée infantilisante, sinon
avilissante, à un dieu ou à un rite, soulagé de ces
attachements, de ces adhérences venus de loin et
d'ailleurs.

Libre de tout et donc maître en tout de lui.
Impossible, désormais, de se réfugier derrière
l'excuse de l'obéissance ou de la soumission.
Notre homme, en petit dieu de lui-même, devra
se faire sa religion. La pire des religions : n'avoir
que soi pour maître et que soi pour serviteur. Ce

pourrait être la définition de l'individualisme. Être seul comptable de soi. Et seul coupable. Devoir répondre de tout. Être l'unique responsable ou tenu pour tel. Et donc devoir être au mieux de sa forme, à la hauteur de la vie, ne jamais faiblir ni déchoir, être fort ou le paraître, être sûr ou faire semblant, être rassurant ou faire comme si.

L'homme vit ainsi dans la dictature de la performance, la sienne. Il est à lui-même son propre dictateur, devant répondre aux attentes de son patron, de ses collègues, de sa famille, de ses enfants. Et c'est très fatigant d'être ainsi sommé d'être à la hauteur et décrété seul responsable de tous les heurs et malheurs. C'est très fatigant d'être tenu pour fort, et fier, et debout, et comptable de tout – d'être un athlète de la vie. « Un entrepreneur de nos vies », selon l'expression du sociologue Alain Ehrenberg.

Tellement, d'ailleurs, que l'homme contemporain se dope volontiers aux psychotropes comme les coureurs cyclistes à l'EPO. Des béquilles pour tenir, tenir simplement, tenir la route, sans trahir trop vite que l'on n'est pas vraiment ce que l'on doit paraître être : de la performance sur pattes du premier muscle au dernier neurone.

Cette situation de l'homme proclamé seigneur et maître de sa vie est proprement vertigineuse. Ne plus obéir, inventer. Être en première ligne de la moindre déconvenue. A chaque instant, dans sa vie professionnelle ou affective, pouvoir être déçu de soi. A chaque tangage, revers, raté, pépin, cafouillage, échec, voir un bout de soi qui flageole, un peu de son être qui faillit, la confiance se carapater et avec elle l'estime de soi.

L'homme était seul, le voilà nu.

Il fallut d'urgence l'équiper en couvertures de survie. L'habit de victime lui alla très bien. Il n'y avait pas meilleur uniforme, pas de meilleure protection. La moindre adversité devenait du coup preuve de sa malédiction en même temps qu'excuse absolutoire. Peut-on rêver mieux côté douilletterie ? Un uniforme ? Une couette, plutôt, dont il aurait fallu être fou pour avoir envie de s'extraire : qui a envie de perdre la chaude commisération de ses contemporains, d'affronter le froid du risque et de la responsabilité ? En situation d'échec, ne rien surmonter, surtout, ne pas chercher à rebondir, ce serait bêtement reconnaître une emprise sur soi.

Victime, tout homme en était une, pour de vrai : de tout et de n'importe quoi, de sa naissance, de son quartier, de son ADN, du hasard, de la mondialisation, de ses ancêtres, de sa petite enfance, du système et des ratons laveurs[1]. A ce

---

1. Les meilleurs esprits scientifiques confortent volontiers ce déterminisme maudit. Ainsi l'INSERM a-t-il publié

compte-là, peu échappaient au statut de victime. Et encore ceux qui y auraient échappé n'en seraient pas moins des rescapés provisoires, de futures victimes qui s'ignorent. L'Etat, en Dr Knock se repaissant de cette matière première si propice aux bons sentiments, a compris ça très bien.

Cherche victime de belle facture

Tous victimes, tous sujets à compassion, à apitoiement, à empathie. Et retour, donc, à un passé moins présomptueux : l'homme n'est plus responsable de tout ni de lui, il n'est responsable de rien et de personne.

C'était dégringoler bien vite et bien bas : on était dieu, un petit dieu certes, et nous voilà moins que rien ? Rabaissés comme le dernier des derniers ? La « couverture lacrymale univer- selle » y allait un peu fort : toutes les victimes ne méritaient pas ainsi l'anonymat d'un sort si

---

en septembre 2005 une étude portant sur les « troubles de conduite » dont souffriraient entre 5 et 9 % des jeunes de moins de 15 ans. Et de recommander un dépistage médical systématique dès 36 mois ! Preuve qu'en plus de tout le reste, on peut aussi être victime de la prétention scienti- fique et médicale.

général. Certaines infortunes, de particuliers malheurs valaient bien à leurs proies une distinction héroïque – leur quart d'heure de gloire. Il fallait pour cela une souffrance originale, distinctive, ou particulièrement forte, de celles qui vous font sortir du lot, qui ennoblissent son homme, le rehaussent, le hissent au-dessus de ses contemporains. C'est au chevet de ces victimes-là que l'Etat et son train se précipitèrent de préférence. La société restait méritocratique, jusque dans le sort qu'on y réservait aux victimes. Encore ne fallait-il pas, sur ce registre aussi, décréter l'accès au podium de 80 % des classes d'âge.

C'eût été gâcher la marchandise, c'est-à-dire le goût que nous avons du spectacle de la victime de belle facture. Laquelle présente un double avantage : nous représenter, être celle que nous aurions pu être. Et nous rassurer : victimes on était, par définition, mais pas à ce point-là, tout de même, ce qui procurait le sentiment bienvenu qu'on l'avait échappé belle et que, pour un peu, on en était un héros. Mieux que tout, les accidents sur autoroute étaient propices à ce mécanisme.

Ainsi y a-t-il victimes et victimes. Les premières, smicardes du pépin ou abonnés au tout-venant des épreuves de la vie, ont à leur disposition un numéro d'appel téléphonique spécifique : le 08VICTIMES, c'est-à-dire le 08 842 846 37. Quand elle a lancé ce numéro magique, Nicole Guedj expliquait : « Quand il y a le feu, on sait appeler les pompiers. Quand il y a une urgence médicale, le Samu. Mais quand il y a agressions, ou violences ? » Ceux qui ont répondu « le commissariat de police » ou « la gendarmerie » ont perdu. C'était le 08VICTIMES la bonne réponse, le « numéro à faire pour savoir faire ». Le spot publicitaire diffusé à la télévision pour annoncer cet avènement est quasiment freudien : « Quand on est victime de la mode, on a besoin d'être sûr de son choix, quand on est victime de la célébrité, on a besoin d'un garde du corps, quand on est vraiment victime, on a besoin d'aide. » Heureusement qu'il est là, le « vraiment » ! Mais la mode et la célébrité n'en fabriquent pas moins, faut croire, des victimes. Les pauvres... Le 08VICTIMES est aussi leur numéro parce qu'il est le numéro dévolu à toutes les plaintes, à tous les sentiments et ressentiments, de la haine au soupir.

L'appareil victimaire d'Etat ne se réduit évidemment pas à un standard téléphonique. L'exclusion et la discrimination, productrices incontestables de nombreuses victimes, sont ainsi, entre autres, traitées par un Haut Conseil à l'Intégration (HCI), un Conseil national des politiques de lutte contre la pauvreté et l'exclusion sociale (CNLE) et une Haute Autorité de

lutte contre les discriminations et pour l'égalité
(HALDE). Cette dernière, créée le 30 décembre
2004, défend toutes les personnes qui ont eu à
souffrir du fait de leur « origine, sexe, apparence
physique, patronyme, orientation sexuelle, handicap, âge, religion, opinion ». C'est dire que ses
« clients » abondent.

La seconde catégorie de victimes a droit, elle,
à la notoriété, c'est-à-dire à la distinction officielle ou à la consécration télévisuelle. Le plus
souvent, l'une ne va pas sans l'autre, les caméras
suivant le ministre ou le ministre emboîtant le
pas à un malheur télévisé qui lui aurait échappé.

La parabole des « chassés-croisés » routiers

On ne va pas découvrir ici que l'émotion est le
fuel domestique de la télévision, qu'elle carbure
à ça. « Les mass média véhiculent des "mass
émotions" et nous adorons ça, constate le psychiatre et psychanalyste Serge Tisseron qui met
en garde contre l'actuelle tyrannie de l'affect[1].
Que recherchons-nous dans le journal télévisé ?
Pas seulement l'information, mais également la

---

1. *Vérités et mensonges de nos émotions*, Paris, Albin
Michel, 2005.

valeur émotionnelle à lui accorder. Si le public préfère la télévision à la presse écrite, ce n'est pas parce qu'il n'aime pas lire, c'est parce que le petit écran lui donne une réponse à cette grande question : « Comment réagir émotionnellement face à l'événement[1] ? » Une œillade, une moue, une inclinaison du visage, un ton de circonstance : le présentateur donne un mode d'emploi. Il est prescripteur de compassion.

Tout lui fait ventre. Du bénin au dramatique. Quel est le non-événement qui fait régulièrement les titres des JT ? Le « chassé-croisé » des vacanciers sur les routes, les retours de weekend, les bouchons. Où l'on décrit à l'envi le piège dans lequel sont tombés des milliers d'automobilistes, tout à la fois victimes de cette transhumance motorisée et héros de cette exaltante aventure collective – poireauter des heures sur du bitume – dont ils finissent par sortir indemnes, à condition bien sûr d'échapper à la déshydratation et autres fléaux macadamesques. Victimes et interrogés comme tels par quelque micro-chaussée, mais stoïques pour affronter cette moderne plaie d'Egypte. L'attente, le bouchon feront partie de leurs souvenirs de vacances. Mieux : ils en seront le point fort, l'épisode épique.

---

1. Interview de Serge Tisseron donnée au *Figaro* le 7 septembre 2005.

Qu'un drame, un vrai, survienne et les télés montent en gamme. Là encore, on ne va pas découvrir que la puissance émotive d'un événement le fera grimper dans la hiérarchie des sujets bien au-delà de son importance objective. Chaque fois, il s'agira de jouer sur deux tableaux : celui de la peur (parce que l'accident d'avion, l'inondation ou le carambolage meurtrier peuvent arriver à tout le monde) et celui de la compassion (pour ceux à qui ça arrive vraiment).

Charm el-Cheikh en janvier 2004 et la Martinique en août 2005 ont été deux bons exemples de catastrophes aériennes cannibalisant le reste de l'actualité. Mais rien à côté du tsunami qui a submergé l'Asie fin 2004. Sans même parler des émissions spéciales que lui ont consacrées toutes les chaînes, pendant dix jours, du 27 décembre au 5 janvier, il a représenté plus de 85 % du temps des JT de TF1 et France 2, avec des pointes à 98 %, voir 100 %[1]. Des dizaines de milliers de morts, des paysages de rêve où l'on avait été, où l'on aurait pu être, où l'on rêvait d'aller, dévastés, des touristes occidentaux en nombre noyés, disparus, recherchés : le casting,

---

1. Ces chiffres, issus de mesures effectuées par les chaînes elles-mêmes, sont rapportés par *Le Canard enchaîné* du 12 janvier 2005.

si l'on peut dire, était optimal. Les JT étaient la grand-messe du soir où communiaient, dans la même religion du désespoir et du larmoiement, des millions de téléspectateurs – jusqu'à ce que, tout de même, l'overdose les guette et que les chaînes révisent à la baisse leur déploiement.

On ne ricane ici ni sur un incontestable malheur, ni sur une émotion collective bien réelle et dûment justifiée, dont on se serait choqué, du reste, qu'elle n'existe en rien. Mais ce traitement télévisuel paroxystique du tsunami en dit long sur les ressorts dominants de l'époque. Peut-être, d'ailleurs, la démonstration sur notre goût du misérabilisme et de la détresse comme instruments de promotion individuelle et comme trébuchets de notre valeur personnelle serait-elle plus convaincante encore en s'appuyant sur des programmes ou émissions que n'impose aucune actualité, mais qui sont voulus et montés de toutes pièces.

Si bons dans le miroir

Force alors est de reconnaître que leur pivot n'est pas l'effort, l'excellence, le record ou l'exploit. C'est bien plutôt le handicap, la disgrâce, la guigne, la défaveur, le mauvais sort, l'infirmité. Les violés et les borgnes, les cocus et les nains ont leurs places réservées sur les plateaux. Les quelques rares malades atteints du si spectaculaire syndrome de Gilles de la Tourette sont, eux, invités permanents. Tous offrent le spectacle, pathétique ou drôle mais toujours émotif auquel on peut s'identifier (« victime, mon frère ») ou dont on peut se démarquer (« au moins, ai-je échappé à cette défaveur-là »). Mais le climat est à la bienpensance victimaire, à ce marketing doucereux et flatteur d'une bonté affichée. Et quand bien même une émission – genre « Fort Boyard » – fonctionnerait-elle sur le scénario de l'épreuve, du dépassement, de la compétition, on ne manque jamais de lui adjoindre une justification caritative. Si l'on se bat, si l'on participe, ce ne peut être pour le simple plaisir du jeu, comme si cette gratuité était d'une indécente légèreté, c'est au profit d'une association sans quoi la pure distraction n'aurait aucune légitimité.

Telle est l'époque. Où il faut être victime pour être humain, aimable et digne d'intérêt. Où il faut s'afficher aux côtés des victimes pour se flatter de se voir si bons dans le miroir.

La culture du gémissement généralisé et la société du spectacle ont remisé les philanthropes d'hier qui ne se concevaient charitables que dans la discrétion et qui auraient tenu leur générosité pour viciée dès lors qu'elle eût été publique, le profit d'image ou de réputation qu'ils en auraient tiré ruinant la gratuité de leur action [1]. Une idée bien archaïque, horriblement judéochrétienne, que nous avons balayée au profit de farandoles caritatives, « mélanges d'obscénité et d'efficacité, de farce et de foi », écrit Pascal Bruckner [2] à propos du Téléthon, « cette mise en scène d'une générosité hystérique. Si le prétexte en est les enfants atteints d'une maladie génétique (ou les sidéens), les héros en sont les donateurs eux-mêmes et c'est la société entière qui s'applaudit à travers leurs libéralités ».

L'opération « Pièces jaunes », mariant chaque année TF1, Bernadette Chirac, la SNCF, la Poste et une pléiade de vedettes, relève de la même analyse d'un phénomène utile et ambigu, généreux et égotiste.

Jusqu'aux manifestations organisées par les comités de soutien à Florence Aubenas qui n'échappent pas à cette réflexion. On ne discute

---

1. « Dès qu'une bonne œuvre se fait connaître, devient publique, elle cesse d'appartenir spécifiquement au bien, d'être accomplie uniquement pour le bien. La bonté qui paraît au grand jour n'est plus de la bonté, même si elle reste utile en tant que charité organisée ou comme acte de solidarité. » (Hannah Arendt, *Condition de l'homme moderne*, Paris, Calmann-Lévy, 1961.)
2. *La Tentation de l'innocence, op. cit.*

pas ici de la controverse sur leur bien-fondé (ont-elles aidé à la libération de l'otage ? étaient-elles nécessaires à la mobilisation des pouvoirs publics ? ou, au contraire, ont-elles fait monter les enchères, compliquant ainsi les négociations avec les ravisseurs comme le suggère notre ambassadeur à Bagdad ?), mais de leur nature même. Pas une activité en France, semblait-il, qui ne se revendiquait comme un combat pour la libération de Florence Aubenas : lâcher de ballons, envol de montgolfières ou randonnée en rollers, tout patronnait Florence. Comme si ces divertissements, qui existaient avant son enlèvement et existeront après sa libération, avaient besoin de ce supplément d'âme pour se légitimer, s'ennoblir. « Pendant plus de cinq mois, les membres des collectifs de soutien à Florence Aubenas se sont activés narcissiquement, s'offrant l'illusion de porter leur "amour" sur un autre objet qu'eux-mêmes, quand c'était bel et bien le spectacle qu'ils se donnaient qui les soulevait d'extase », écrit, à sa manière politiquement incorrecte (mais, dit-il, « c'est toujours ce qui s'affirme comme le bien, de nos jours, que l'on doit interroger, non ce qui s'affirme comme le mal »), l'écrivain Philippe Muray[1].

---

1. « Les comités de soutien soutiennent quoi ? » dans *Marianne* du 2 juillet 2005.

Quand une ex-otage ne joue pas le jeu

Faut-il en rajouter ? Le faible plaît. Se porter à son secours flatte. Aucun autre théorème ne paraît mieux expliquer nos ressorts de comportements, nos postures de sentiments.

Jusqu'à la mode de la rue qui est convoquée au service du Bien, c'est-à-dire de la lutte contre la maladie, le malheur ou la mort. Qui ne porte pas, en cette année 2005, un bracelet en silicone, vif ou fluo, pour manifester son engagement ? Si vous êtes contre le cancer, il sera jaune ; rose contre le cancer du sein, pêche contre le cancer de l'utérus, rouge contre le sida, blanc contre la pauvreté. « Des poignets de bons sentiments », titre *Libération*[1], qui recense encore des bracelets contre l'Alzheimer, l'épilepsie, le diabète... Sans oublier, bien sûr, le bracelet Speak up stand up (« parle fort et lève-toi ») avec ses deux bandes blanche et noire contre le racisme.

Ceux qui n'en portent pas seraient-ils les meilleurs amis du cancer, de la guerre et du racisme ? Certes pas tout à fait encore, mais ils n'échapperont pas aux prêches collectifs que les victimes,

---

1. *Libération* du 2 septembre 2005.

de ceci ou de cela, inspirent à tout propos à une société dégoulinante de bons sentiments, maladive, constituée en légions d'opprimés, en cohortes de déshérités, en bastions de maltraités. Il n'est pas rare qu'un match de foot – même un match de foot ! – soit précédé d'un laïus où Zinedine Zidane vient dire au micro le mal qu'il faut penser de l'exclusion et de la discrimination. Courir, jouer, taper dans la balle, gagner ne suffisent pas à notre entière satisfaction. Notre bonne conscience doit être désormais alimentée et nourrie quotidiennement, il faut s'apitoyer, communier, bénir... Faire du tourisme, oui, mais humanitaire. Consommer, oui, mais des produits équitables.

Voudrait-on, *a contrario*, une preuve de notre addiction nationale au discours envahissant de l'apitoiement ? C'est Florence Aubenas qui nous la fournira. Car voilà quelqu'un dont le statut de victime, durant les cinq bons mois que dure sa captivité en Irak, est incontestable et qui, à son retour, va refuser ce statut de victime. D'emblée, dès sa descente d'avion, à Villacoublay, le 12 juin 2005, puis lors de sa conférence de presse et dans les différentes interviews qu'elle donne ensuite, elle apparaît souriante, drôle, légère, même. « Qu'est-ce qui m'a le plus manqué ? Vous ne voyez pas ? lance-t-elle à Michel

Denisot. Mais le mariage de Jean-Michel Jarre avec Anne Parillaud, voyons... » « Quand on me dit : "Bravo pour ce que vous avez fait", cela me surprend car, franchement, mon degré d'intervention dans cette affaire a été minime », raconte-t-elle dans une interview à *Elle*[1]. Et encore : « Moi, l'emmerdeuse numéro un, que je sois devenue sainte Florence ! Ce n'est vraiment pas le bon casting ! [...] Oui, ça va, et alors ? Heureusement que je vais bien. Il faudrait que j'aie l'air sinistre ? [...] J'arrive intacte, même si j'ai perdu dix kilos et ma voix. Je n'ai pas de vraies séquelles physiques, mon boulot est le même, ma famille et mes amis aussi [...]. Je suis l'inverse de la malheureuse victime qui cherche une cellule de crise où s'exprime un cri. J'ai plutôt l'impression de commencer à emmerder les gens. Ils doivent se dire : "Encore elle ! On s'est déjà tapé la famille pendant cinq mois ! C'est pire que le feuilleton Depardieu !" »

Il fallait bien qu'elle ait perdu le contact avec la réalité française depuis cinq mois pour commettre à ce point tant de bévues. Car on attendait d'elle qu'elle soit et reste une victime, qu'elle en épouse tous les stigmates, qu'elle en ait toutes les plaies, qu'elle en verse les pleurs. Et c'est de tout cela qu'elle se dépouille : elle s'af-

---

1. *Elle* du 27 juin 2005.

fiche vivante, primesautière, tonique. Tout ce qui tue. Elle ne joue pas le jeu, elle viole les codes les mieux ancrés et les plus rassurants qui régissent le cocon des victimes.

Elle déçoit, Florence. Perd de sa légitimité. A se demander si elle était vraiment otage. Elle est si déstabilisante, Florence Aubenas, dans son discours qui fuit toute plainte et complainte, si dérangeante dans son souci de n'alimenter aucune légende, qu'on lui en fait payer, ici et là, sournoisement, le prix. C'est Roger Auque, lui-même journaliste ancien otage au Liban, qui déclare sur Europe 1 : « Il y a quelque chose qui me gêne profondément dans ce sourire perpétuel, dans cette manière qu'elle a de tout prendre par la dérision, après avoir tellement enduré[1]. » Ce qui est une façon de dire que, forcément, elle n'est pas elle-même et qu'elle ne le sera que si elle accepte de revêtir son habit de victime. Et puis, les humoristes, qui ont de l'esprit mais souvent conformiste, y vont de leurs piques. « Les Guignols de l'Info », sur Canal +, lâchent : « Avant, elle était journaliste. Aujourd'hui, elle est comique. » Et Laurent Ruquier sur France 2 : « Comme beaucoup de chansonniers, elle a débuté dans une cave. »

---

1. Propos rapporté par *L'Express* du 26 juin 2005.

Florence Aubenas n'a pas joué le jeu. On lui en veut un peu. On ne s'affranchit pas impunément de ce qui constitue le meilleur, sinon le seul. ciment national : l'esprit victimaire.

6.

*Les « malgré nous »
de la charité officielle*

Dira-t-on alors que les politiques, dans leur empressement compassionnel, ne font après tout que ce que l'on attend d'eux : satisfaire le droit que revendique chacun d'être secouru ? Qu'à aller, voler, courir d'un drame l'autre, qu'à officialiser le malheur, qu'à breveter la victime, l'érigeant en héros admirable ou pathétique, qu'à mettre du baume sur toutes les plaies, ils jouent au fond le rôle d'officiants dont toute collectivité en peine a besoin ? Et qu'ils le jouent, ce rôle, parce qu'ils sont les mieux placés pour cela : qui d'autre qu'eux, dès lors qu'un événement, de local, devient dans la minute global, national, nationalisé, nous appartenant à tous, nous touchant tous ? Ne faut-il pas à cela des aumôniers nationaux ? Des ordonnateurs de pompes sur mesure ? De grands catalyseurs à cocarde ?

Dira-t-on qu'attendant tout de l'Etat, les

Français attendent de lui même ça, cette sanctification laïque des petits et grands malheurs ? Et qu'à défaut de pouvoir accorder à tous l'envié statut de la fonction publique, l'Etat ne se montre pas chiche pour leur concéder celui de l'affliction publique ? Les Français et leurs politiques seraient ainsi « raccord », acteurs volontaires et satisfaits de cette loi de l'offre et de la demande compassionnelle. Pour une fois, les premiers trouveraient chez les seconds le répondant voulu, le réconfort attendu tandis que les seconds s'achèteraient à bon prix une réputation d'humanité, marchandant leur émotion, exposant leur sensibilité pour mieux paraître bons.

Donnant, donnant. Un nouveau besoin collectif est apparu, a crû et prospéré, élevé au lait télévisuel et il n'y aurait rien à redire au fait que l'Etat le prenne en charge, à sa charge. Il s'agirait au fond d'une extension du domaine gouvernemental, où guérir les écrouelles s'ajouterait (ou se substituerait...) aux plus classiques fonctions régaliennes ou administratives.

Des incapables majeurs

Gagnant, gagnant ? On devine que les plus grands bénéficiaires du système ne sont pas à chercher du côté des victimes. Tandis que ce marché hautement spéculatif rapporte gros aux politiques qui, d'ailleurs, on l'a vu, y investissent à tout coup et avec un art qui n'exclut pas le plus parfait machiavélisme. On a dit la surenchère qu'ils pratiquent, le choix ciblé de leurs médiatiques victimes, leur addiction aux bonnes causes-bonnes œuvres du moment, la compétition qu'ils se livrent entre eux. Sur ce marché que ne contrôlent, n'arbitrent ni ne sanctionnent aucune COB ou autre autorité de régulation, les rendements sont assurés.

Le déshonorant n'est pas seulement dans cette froide exploitation de la souffrance. Pas seulement dans cette entreprise de promotion d'eux-mêmes, en bienfaiteurs, quand ils ne sont souvent que des exploitants de la comédie humanitaire, des charognards du caritatif.

Le déshonorant est beaucoup plus encore dans leur complaisance à la complainte et ce qui s'ensuit. Un peuple est pour une part ce qu'en font ses élites. Flatté dans ses penchants, il penchera plus avant. Encouragé dans ses travers, il aura peu de chances de se redresser. Entretenu dans ses récriminations, il se trouvera justifié à récriminer de plus belle. Il se sent victime, on le traite en victime, c'est une victime. Et la victime se vit en victime, revendique, en victime, un dédommagement ou une meilleure protection, s'enkyste dans son statut de victime.

Il y a mieux, comme climat national, mieux que cette glauque morbidité où la plupart se voient en handicapés de la vie qu'accablent toutes les injustices du monde. C'est pourtant un tel climat qu'encouragent toutes les OPA que lancent les politiques à la Bourse de la compassion. Croit-on que nos voisins européens, les Anglais, les Espagnols, les Allemands, n'ont pas de problèmes analogues aux nôtres ? Ils ne broient pourtant pas du noir, au contraire : leurs gouvernants ne leur ont pas appris qu'ils étaient malheureux. Les nôtres nous le rabâchent. Et c'est à se demander si, outre la gratification morale qu'ils escomptent, ils ne trouvent pas leur compte surtout, plus que tout, dans cette atonie collective. Entretenir les Français dans la douilletterie victimaire, les enfermer dans la culture d'un monde méchant (et voilà pourquoi votre fille est muette...), n'est-ce pas, au fond, les prendre pour des incapables majeurs, les stériliser, les châtrer de tout ressort, de toute envie, de toute propension à se bouger ? Les aligner sur la couardise et la lâcheté des politiques eux-mêmes. Car c'est très exactement ce que, à quelques exceptions près, ils souhaitent : ne pas faire grand-chose, réformer le moins possible, faire semblant de gouverner, tous objectifs que leur imposent la peur du large et de l'électorat, la peur de déplaire et celle de ne pas durer.

La compassion, donc, comme une anesthésie générale.

Comme une morphine qui euthanasie en douceur l'objet même du politique.

Comme un mépris.

Entretenir la plainte comme le meilleur, sinon le seul, lien social, la flatter comme on caresse une bosse, l'exploiter pour mieux s'affranchir de sa propre raison d'être, c'est tirer des traites sur le dos d'une nation alitée, anémique, à genoux. C'est border des draps, ajouter un oreiller, apporter un édredon. Un traitement cauteleux pour souffreteux.

L'Etat s'occupe de tout sauf de ce dont il devrait s'occuper. Il compatit mais ne traite pas, accompagne mais ne soigne pas, se montre bon quand il n'est que faible. Il se repaît des victimes pour se donner bonne mine.

Des deuils confisqués

La victime, dans cette philosophie du malheur généralisé et l'exploitation qu'en font les politiques, est une matière première, délicate à manipuler certes, mais dont il faudra extraire le rendement maximum. Tant mieux si le réconfort qu'on lui apporte à grand bruit lui profite. Tant mieux si un deuil, parce qu'il est officiel, en est si peu que ce soit moins douloureux. Mais est-on bien sûr que ce sont là les buts premiers recherchés par les politiques quand ils se précipitent à son chevet ? Est-on bien sûr qu'entre le cynisme politique et le goût public pour le spectacle du drame, ce soient vraiment les victimes qui importent plus que tout ?

Dans nombre de cas, on se demande plutôt si la victime n'est pas instrumentalisée, l'usage que l'on en fait comptant plus que son sort. Car sa douleur, qu'elle le veuille ou non, deviendra spectacle, sera mise en scène, gérée, régie par d'autres qu'elle ou que ses proches. Elle sera accaparée autant que partagée, confisquée plus qu'éprouvée. S'est-on bien assuré que tel était son vœu, que son vedettariat d'un moment lui était bénéfique ?

Or, les protocoles publics sont aujourd'hui si bien rodés, les rituels si minutieusement agencés que peu d'événements échappent au déploiement compassionnel et à son train. A preuve, la mise en place et l'envoi quasi quotidien, à tout propos, des fameuses cellules de soutien psychologique. Non pas qu'il faille se contenter d'en rire. Inspirées des Samu et d'expériences faites par l'armée sur les champs de bataille, les cellules d'urgence médico-psychologique (CUMP), créées en 1997, peuvent avoir un incontestable intérêt, tant il est acquis qu'à prendre en charge sans tarder des chocs traumatiques, on peut en diminuer l'impact et faciliter « la vie d'après » de ceux qui en ont été les victimes.

Sauf que le malheur étant intolérable et injuste, les accidents de la vie nombreux et leurs victimes innombrables, de telles cellules, actionnées par on ne sait quel pouvoir public (maire, préfet, ministre ?), sont dépêchées quatre fois par jour. Deux jeunes sont-ils happés par un train qu'une cellule psychologique s'installe dans la salle des fêtes de la bourgade dont ils étaient originaires. Cellule, aussi, pour ces éleveurs en détresse dont les troupeaux, contaminés par l'ESB ou quelque fièvre aphteuse, doivent être sacrifiés. Cellule pour le personnel de cette banque qui a fait l'objet d'un hold-up. Cellule pour cette classe dont le bus a été accidenté. Cellule pour cette école potentiellement traumatisée par la chute d'une branche d'arbre, lors de la fête annuelle, dans la cour de récréation (sans pour autant que cette branche en effet traumatique n'ait fait autre chose qu'un blessé léger).

La peine, la peur, la détresse, l'émotion seraient-elles des maladies à faire soigner sans attendre par des hommes de l'art ? On espère en tout cas que les psy se pencheront aussi sur ceux, pas plus traumatisés que nécessaire par l'événement déclencheur, qui réaliseront leur monstruosité au vu du dispositif sanitaire : faut-il qu'ils soient anormaux pour n'avoir pas été choqués à la hauteur de ce que l'on escomptait d'eux ! C'est grave, Sigmund ? Ils ne se savaient pas victimes à ce point...

Les psy eux-mêmes, à vrai dire, s'interrogent de plus en plus ouvertement sur le rôle qu'on leur fait jouer, y compris dans le cadre des catastrophes collectives les plus incontestables. Au point qu'ils n'excluent pas, en débarquant par escouades sur les lieux, de fabriquer de nouvelles catégories de victimes, tout armés qu'ils soient des meilleures intentions : soit que le « debriefing » court-circuite fâcheusement le rôle naturel et chaleureux de l'entourage, soit que cette débauche d'attentions rende plus cruels des lendemains que les psy auront évidemment désertés.

Mais c'est sur le fond même de cette pratique que beaucoup sont le plus perplexes. Il y a de quoi. « Il semble désormais établi par décret que, sans divers simulacres procurés par l'aide collective, l'endeuillé ne peut "faire son deuil", faute de pouvoir le penser naturellement. Jadis, on faisait son deuil comme un bébé fait ses dents », écrit Jacques Gaillard, professeur à l'université Marc Bloch de Strasbourg, dans un livre délicieusement piquant[1]. Et il poursuit : « Se réapproprier son deuil est, pour l'éprouvé, un travail d'autant plus difficile que la société travaille, en l'occurrence, à l'en dessaisir pour en faire un "deuil d'intérêt collectif". »

« On fait comme si le choc, le stress étaient des mécanismes anormaux alors qu'ils constituent la meilleure défense de celui qui a été frappé dans son esprit », s'insurge un psychiatre parisien[2]. « Le deuil est désormais considéré comme une pathologie alors qu'il s'agit d'un sentiment humain, normal, souhaitable, qu'il faut respecter en laissant du temps à celui qui l'éprouve et non en le poussant à l'effacer de sa mémoire, écrit le psychiatre Jacques Sédat[3]. Les gouvernements, aujourd'hui, sont convaincus qu'il est de leur devoir d'effacer immédiatement la douleur. [...] On est sommé de souffrir vite et fort. Et d'oublier encore plus vite. »

Mais qu'importent ces possibles effets pervers, ces dégâts connexes venant s'ajouter à ceux qui les déclenchent : la victime n'est pas l'essentiel.

Ce qui l'est, c'est le protocole autour d'elle,

---

1. *Des psychologues sont sur place...*, Paris, Mille et une nuits, 2005.
2. Cité par *Le Figaro* du 27 octobre 2004.
3. *L'Express* du 26 janvier 2004.

c’est la rhétorique des catastrophes, c’est la posture publique. Comme on empoigne le bras d’un aveugle pour lui faire traverser la rue à toute force, et quoi qu’il veuille, on embauche les victimes, malgré elles, dans la comédie de l’aide humanitaire et la bienpensance de la compassion. Avaient-elles envie ou besoin de cette aide, en ont-elles pâti ? Là n’est vraiment pas la question. La réponse, c’est celle du respect d’un rituel populaire et flatteur.

Ronan Orio est médecin psychiatre urgentiste au centre hospitalier universitaire de Nantes. En janvier 2004, il était mandaté par le Quai d’Orsay lors du crash de Charm el-Cheikh. En août 2005, il passe une semaine au Venezuela pour accueillir les familles des victimes de la catastrophe aérienne qui a tué 152 Français le 16 août. A quoi servent les cellules de crise ? « C’est un peu difficile pour moi de le dire, mais il est clair que ces hommes en blanc que l’on voit partout ne font pas de la médecine. Ils sont les officiants de la cérémonie. Ils rassurent. Ils servent aussi, sans doute, à donner l’illusion que l’Etat et les politiques ont la maîtrise de la situation », répond-il au *Monde*[1]. Que pense-t-il de l’hommage national rendu aux victimes ? « Comme ils n’ont plus de pouvoir d’action sur

---

1. *Le Monde* du 25 août 2005. Interview par Ariane Chemin.

la réalité sociale, les responsables politiques se réfugient dans la communication. La communication compassionnelle, celle qui prend aux tripes, est celle qui, aujourd'hui, paraît la meilleure voie possible. »

7

Chirac, le prêcheur

Jacques Chirac est sans conteste possible le champion de la politique compassionnelle. Pas le seul, mais le meilleur. Celui qui a donné le *la* et qui a mis la barre si haut. Celui qui, continûment, en deux mandats présidentiels, tire et encourage le pays dans cette pente-là. Celui qui contamine d'en haut la société de ce poison mortifère qui anesthésie la volonté et inhibe tout ressort. Celui qui, le premier et les autres derrière, manifeste consciencieusement à chaque occasion « l'émotion », ou « l'effroi », ou « l'horreur » que lui inspirent les drames de la nature ou de la vie. Celui qui, comme personne, se porte au-devant des méchants de toute nature – mondialisation, antisémitisme ou cynisme social –, s'érige en procureur indigné, demande des comptes, des enquêtes, des châtiments, parle responsabilité et culpabilité mais sans jamais se tenir lui-même comptable de quoi que ce soit, comme si ces fléaux lui échappaient totalement et qu'il en était lui-même la victime impuissante.

Un discours de compassion et de défausse, la première vivement exprimée pour mieux étouffer la seconde. Une posture de protecteur grand-parental, de moraliste affligé, de commentateur sévère, en aucun cas de responsable d'une politique, sinon celle du parapluie.

Quand, en novembre 2002, coule le pétrolier *Prestige* au large des côtes espagnoles, Jacques Chirac réagit comme il se doit : « Je suis horrifié par ce qui vient de se passer. Horrifié par cette espèce d'incapacité des responsables, et notamment des responsables politiques nationaux, et en particulier européens, à prendre les mesures qui s'imposent pour lutter contre le laxisme avec lequel on laisse se développer ces bateaux-poubelles. » Et de réclamer martialement « des mesures draconiennes, sérieuses et sévères ». On retient de cette sainte colère qu'il y a autour de nous, hélas, un paquet d'irresponsables qu'il s'agit de mettre au pas au plus vite. Et que la France, en chevalier blanc, s'y emploiera.

Cinq mois plus tôt, pourtant, la Commission européenne décidait de poursuivre la France devant la cour de justice de Luxembourg. Motif : le laxisme français. Alors qu'elle devrait inspecter 25 % des navires accostant dans ses ports, la France n'en inspecte que... 9,6 %. « La

France est la lanterne rouge de l'Europe, commente alors Loyola de Palacio, la commissaire européenne aux Transports. Si elle ne respecte pas un vieux texte, qu'en sera-t-il alors lorsqu'un nouveau paquet de mesures, appelé "Erika 1", qui renforce les obligations de contrôle, entrera en vigueur ? »

Quand Jacques Chirac érige en deuil national le crash d'un avion vénézuélien, dix-huit mois se sont écoulés depuis l'accident de Charm el-Cheikh. Alors, il fallait de toute urgence établir une liste noire des compagnies aériennes dangereuses et des pays peu scrupuleux. Une mission d'information parlementaire, présidée par Odile Sangues, rend en juillet ses conclusions sur la sécurité du transport aérien. « Un an après la fin de notre mission, on attend toujours, commente la députée. Nos critiques n'ont pas été prises en compte. Certainement parce que l'effroi provoqué par Charm el-Cheikh était déjà loin. »

Tous les politiques pleurent à chaudes larmes, en ce mois d'août 2005, quand brûlent deux immeubles parisiens, faisant 24 morts. Et, cette fois, c'est Jean-Louis Borloo, le ministre de l'Emploi, de la Cohésion sociale et du Logement, qui vend la mèche : « Tout le monde reconnaît que la France a accumulé un retard énorme en matière de logement social durant la dernière décennie. Il y a vingt ans, on construisait

80 000 logements sociaux par an. Nous étions tombés à 38 000 en 1999, ce qui était invraisemblable[1]. »

C'est, pour la énième fois, Bruxelles, « l'Europe, l'Union européenne, c'est-à-dire en réalité la Commission », que fustige Jacques Chirac, au début d'octobre 2005, pour son inaction face aux licenciements français, en l'occurrence ceux décidés par la multinationale Hewlett Packard. Le Président, décidément, ne s'étonne pas du « désaveu actuel de l'Europe » : avec une telle commission ! Passons sur le fait, comme l'explique Sylvie Goulard, enseignante à Sciences Po et au Collège d'Europe à Bruges[2], qu'« en matière sociale, la responsabilité première incombe toujours aux gouvernements nationaux, même si la Communauté soutient et complète leur action par des directives ponctuelles, sur les conditions de travail ou la Sécurité sociale des travailleurs par exemple ». Mais Sylvie Goulard nous apprend bien davantage. Un groupe de chercheurs indépendants du Max Planck Institute a étudié en détail la mise en œuvre par les Quinze de six directives sur le droit du travail. Résultat : avec un délai moyen de 53,1 mois, la

---

1. Interview au *Journal du dimanche* du 28 août 2005.
2. « Le Renard et le Bouc (émissaire) », dans *Le Figaro* du 11 octobre 2005.

France est la lanterne rouge de la transposition nationale des textes européens. « Dans de nombreux cas, écrivent les chercheurs, la mise en œuvre n'est intervenue qu'après que la Commission a lancé des procédures contre la France. »

Telle est, à travers ces seuls quatre exemples, la réalité de cette politique à l'émotion – on pourrait dire « à l'estomac » – dont Jacques Chirac est coutumier.

On plaint les victimes, on s'indigne des causes, on s'exonère de toute responsabilité : c'est le triptyque de la démagogie et du renoncement. A quoi il conviendrait d'ajouter, en ingrédients subalternes, l'inconséquence, l'inconstance, la désinvolture, le volatil, car l'émotion, aussi forte et sincère soit-elle, est passagère. Dans l'heure qui suit, il faut bouter hors des eaux tout bateau-poubelle, hors des cieux tout avion-suicide, et faire pousser horssol des milliers de logements sociaux. Mais le lendemain, c'est un autre jour. Une nouvelle émotion supplantera l'ancienne, comme une catastrophe chassera la précédente.

Les bons sentiments ou les fortes indignations tiennent ainsi lieu de politique. Jacques Chirac n'aura pas été seulement le tueur, autour de lui, de quiconque lui déplaît, le dérange ou le menace, mais aussi de la substance même du vrai pouvoir : celui qui agit. Deux fois, il a conquis le pouvoir suprême, pour aussitôt le déserter.

Il faudra d'ailleurs, un jour, se demander comment et pourquoi cet homme apparemment énergique, réputé entreprenant, suractif et volontaire a pu ainsi, à peine réalisée son ambition élyséenne, se satisfaire de son poste et délaisser sa fonction.

Était-ce par opportunisme électoral ? Car, après tout, c'est en 1995, et pas avant, lors de sa première élection présidentielle et alors qu'il a trente ans de vie politique derrière lui, que Jacques Chirac découvre ce que c'est d'être aimé. Jusqu'alors, il n'était au mieux qu'un agité, qu'un ambitieux mécanique, au pire qu'« facho-Chirac ». Sa compétition avec Edouard Balladur, le modèle déposé de la bourgeoisie à manières et chaussettes cardinalices, le pousse vers le créneau populaire et le conduit à une trouvaille géniale : la fracture sociale. De la compassion, déjà, mais que l'on peut croire, à l'époque, tonique, dynamique, agissante. Chirac devient « sympa ». Peut-être, au fond, Chirac n'a-t-il eu depuis d'autre ambition que d'être « sympa », puisque ce cliché-là s'est révélé être son meilleur viatique électoral.

Était-ce plutôt par dénuement politique que

Jacques Chirac s'est ainsi adonné à cette religion compassionnelle de substitution ? Il a, de fait, dit tant de choses sur tant de sujets, chaque fois d'un ton d'autant plus péremptoire que le fond était contradictoire, qu'il faut se demander s'il a jamais eu idée de ce qu'il voulait faire de son pouvoir. Tout chez lui, et surtout l'essentiel, a été occasion de changements de pied, d'abandon ou de reniement : l'Europe du « parti de l'étranger » qui devient une « chance pour la France » ; la politique économique, qui devait être libérale avant qu'elle fût préférable travailliste ; le quinquennat, décrété suicide des institutions de la Vᵉ République avant d'en devenir un indispensable facteur de modernité. A penser tout et son contraire, ce qui est concevable intellectuellement, on finit par ne rien penser, ne rien savoir, ne rien vouloir. Ce qui est fâcheux quand on prétend présider un pays.

Le procureur de tous les méchants de la terre

Il ne restera rien de Chirac dans les livres d'Histoire. Aucune évolution marquante, comme ont pu l'être la majorité à 18 ans ou l'IVG pour Giscard, l'abolition de la peine de mort pour Mitterrand. Aucune réforme d'importance. Mais de grands discours, oui, tous plus « fondateurs » les uns que les autres, sur la paix, les droits de l'homme, l'environnement. Beaucoup de grands et gros mots, œcuméniques et universels que Chirac déclame mécaniquement, en attendant un prochain prêche fondateur.

Contre la guerre, contre la pauvreté, contre l'égoïsme des nations, contre les gaspillages de la planète, Jacques Chirac est aussi contre le chômage, la précarité et l'exclusion. Il faut l'entendre, chaque 1er janvier, chaque 14 juillet depuis dix ans, s'indigner de pareils fléaux. Ses réquisitoires sont sans appel, son volontarisme sans faille. Que n'est-il Président de la République ! Chez lui, tout est prioritaire : la lutte pour l'emploi, la nécessité des réformes, la diminution des dépenses, la réduction de la dette publique, la baisse des impôts, l'éducation, la recherche. Un moulin à prières. Mais trop de priorités les tuent toutes également[1].

___

1. Sur l'Etat ruiné, il suffit de rapporter les propos de Thierry Breton, ministre de l'Economie de Chirac, le 21 juin 2005 : « En 2006, et pour la première fois, la masse de l'impôt sur le revenu sera pratiquement l'équivalent de la charge de la dette de la France. Quand on prélève, ce n'est pas pour payer des crèches, c'est pour payer le passé. Le modèle social qui est le nôtre, auquel nous sommes si attachés, nous le finançons à crédit. Il faut avoir le courage de dire tout simplement mais gravement que la France vit au-dessus de ses moyens. »

Tant et si bien que chacune de ses injonctions politiques – « il faut... il est vital... il est urgent... » – ne fait que pointer son échec, son inertie ou son irrésolution. Jacques Chirac en est au point où il ne peut plus dire un mot sans être à lui-même son premier opposant. Atteint par la variante politique de ces maladies auto-immunes où l'organisme s'attaque à lui-même et se détruit irrémédiablement. Une situation, on en conviendra, inconfortable. Il fallait à ce paradoxe un antidote flatteur.

La compassion en est un épatant, dans sa double composante de protection des victimes et d'incrimination d'autrui.

C'est ainsi que pour s'exonérer de tout, Jacques Chirac s'est érigé en grand consolateur des Français et en intrépide procureur de tous ces méchants qui en veulent à leur mode de vie, à leur modèle social, à leurs valeurs universelles.

Les Français sous serre

C'est qu'il est, lui, conscient au premier chef de la fragilité du tissu social français, au nom de quoi il récuse toute recette dérangeante pour favoriser le marché de l'emploi. Il faut être un barbare britannique pour accepter la précarité du travail et les petits boulots. Chirac préfère le chômage à la précarité.

C'est qu'il est, lui, attaché comme personne au modèle social français, même s'il est ruiné en l'état et du reste moins généreux que celui de beaucoup de nos voisins qui ont eu la naïveté, préalablement, de se soucier de le financer. Chirac ne touche pas aux icônes nationales et, ce faisant, il les laisse dépérir.

Ainsi, faute de les affranchir, de les instruire, de les convaincre, Jacques Chirac traite-t-il les Français comme des fleurs sous serre, fragiles, protégées du monde, coupées du réel. De l'air conditionné, et stérile de préférence. Car, à l'extérieur, tout menace.

Le libéralisme, d'abord, dont Chirac et avec lui le gros de la droite (ne parlons pas de la gauche) ont fait un monstre cynique dévorant chaque matin au petit déjeuner quelques milliers de salariés licenciés entre deux tranches de millions de travailleurs exploités. Un crime contre l'esprit quand il s'agit d'un principe de liberté qu'encadrent, contrôlent et sanctionnent des règles de droit. Que la réalité économique ne soit pas conforme à ce beau principe – et Dieu sait qu'il y a à redire sur le diktat des actionnariats comme sur beaucoup d'indécences patronales – devrait plus encourager à corriger les perversités de celle-ci qu'à vouer aux gémonies celui-là. Mais non : il est acquis que le grand méchant loup est libéral, ultra-libéral si l'on veut se faire ultra peur. Jacques Chirac est évidemment du côté du Petit Chaperon rouge. « Il s'est enfoncé dans un radicalisme compassionnel qui fait du mot libéralisme un gros mot », aurait reconnu Alain Juppé lui-même. Ce qui est d'autant plus fâcheux que les autres systèmes économiques alternatifs, assurément meilleurs, n'existent simplement pas. Le libéralisme, comme la démocratie, est le pire des systèmes à l'exception de tous les autres.

L'Europe est, évidemment, un autre ennemi. D'abord parce qu'elle est libérale. Ensuite, parce qu'elle n'est pas nous, ce qui suffit à en faire un bien commode bouc émissaire.

Sans doute ici faut-il dissiper le malentendu selon lequel Jacques Chirac aurait perdu le référendum du 29 mai 2005 qui a refusé la ratification du projet constitutionnel européen. Il n'en est rien. De même que sont invalides les analyses faisant de la victoire du « non » à ce référendum la preuve d'un populisme anti-élites. Au contraire, nous semble-t-il, le vote majoritaire en faveur du « non » est dans la droite ligne de la pensée du Président de la République. L'électorat a manifesté très exactement la même méfiance, la même défiance, la même animosité vis-à-vis de l'Europe que celles qu'exprime Jacques Chirac.

Certes, il a fait campagne – exécrable d'ailleurs – pour le « oui ». Mais, quand sa bouche disait « oui », tout le reste disait le contraire. L'indigence de ses arguments, la viduité de ses propos, la fausseté de ses actes de foi européens suffisaient déjà à percer le fond de sa pensée. Mais surtout sa brève campagne pour le « oui » ne pouvait éclipser la constance, pour le coup, de ses allergies européennes. Il n'est pas une occasion, pas un sujet dont Chirac ne se saisisse pour faire porter à l'Europe tous les chapeaux de tous les maux français.

Bruxelles, son libéralisme, sa bureaucratie, son arrogance sont dénoncés à tout propos, qu'il s'agisse de monnaie, de pêche, de TVA sur la restauration ou... de directive Bolkestein sur la libéralisation des services que les deux commissaires français (Pascal Lamy et Michel Barnier) avaient pourtant acceptée sans que le gouvernement (et le Président) y trouve à redire.

Sus à Bruxelles ? L'électorat français a suivi cet ordre de marche. Il serait injuste de priver Jacques Chirac de cette victoire-là, même s'il ne s'en flatte pas. Et même s'il n'en est pas le seul père : partisans du « oui » ou nonistes ont en réalité placé leur campagne sur le même registre, celui de la protection des Français. Les uns l'assuraient améliorée avec le texte constitutionnel, les autres menacée. Il s'agissait au fond de savoir si nous serions plus ou moins victimes de l'Europe... Exaltant.

De même, il serait abusif de ne voir en Jacques Chirac qu'un distributeur automatique de communiqués de « sympathie » ou d'« effroi » et de procureur intraitable de tous les agents responsables de ce dont il ne veut, lui, être tenu pour rien. Chirac n'est pas que cela, passif ou furtif.

Il lui a fallu au contraire beaucoup d'obstination, y compris contre ses propres amis, pour imposer sa grande idée qui valait bien une réforme de la Constitution : donner au principe de précaution une valeur constitutionnelle. Ne rien faire qui nuise, ne rien faire qui puisse nuire. Comme si, déjà, la justice, à défaut de la morale, n'incitait pas quiconque – médecin, architecte, savant ou entrepreneur – à la prudence. Comme s'il fallait en rajouter dans le discrédit du risque, le nier comme moteur de la société. Comme s'il fallait officiellement brider les entrepreneurs et les chercheurs. Et pourquoi pas nous préparer à tous un « destin de couveuse[1] ».

Preuve, en tout cas, que Chirac, n'en déplaise à sa réputation, est comme personne avant lui

---

1. L'expression est de Claude Imbert. « Le Délire de précaution » dans *Le Point* du 16 janvier 2004. « On sait bien que l'appétit de protection est sans bornes. L'Etat se déshonore en le flattant. Ceux qu'il habitue à tout attendre de sa précautionneuse tutelle seront un jour les premiers à lui demander des comptes pour n'importe quoi. »

porteur d'une politique de maternage [1]. A moins qu'il faille plutôt parler de politique de brancardier si l'on se réfère aux trois grands projets présidentiels lancés par Chirac en 2002, à savoir la mobilisation contre le cancer, la lutte contre l'insécurité routière et l'aide aux handicapés. Des objectifs hautement estimables qui ont d'ailleurs, eux au moins, été suivis d'effets, de moyens et de résultats, mais dont on peut douter qu'ils suffisent à satisfaire la fonction présidentielle, ni même qu'ils répondent à l'objet spécifique de la politique.

---

1. « Effrayés par ce que l'autorité pouvait encore évoquer de paternel, les hommes politiques s'étaient avisés de tout le parti qu'ils pouvaient tirer d'un État à l'écoute de la société comme une mère de ses petits. Se révélait ainsi dans la sphère politique un aspect idéologique et culturel majeur de ce temps : la maternisation du monde. » (Michel Schneider dans *Big Mother. Psychopathologie de la vie politique*, Paris, Odile Jacob, 2002.)

8.

Une gentillesse d'hôpital

L'humanité, la charité, la bonté, la compassion : comment regretter qu'elles aient leur part dans les comportements politiques ?

Mais comment accepter qu'elles en accaparent tout le champ ? Que, tels des OGM bien-pensants et proliférants, elles en aient chassé toute autre culture ? Qu'en plantes décoratives et invasives, elles aient étouffé tout ce qui pouvait être revêche quoique utile, urticant quoique bénéfique, allergisant quoique bienfaisant ?

Nous en sommes là, pourtant. De plain-pied dans une démocratie d'émotion, qui est la grimace de la démocratie d'opinion, elle-même grimace démagogique de la démocratie. Pas loin d'une démocratie de la niaiserie, en attendant celle du gâtisme. Pas de projets, des prêches. Pas d'ambition, de la douilletterie. Pas d'efforts, des consolations. Le tout nimbé d'une sorte de gentillesse d'hôpital.

113

La compassion est ainsi devenue le cache-misère d'une absence de politique et/ou le camouflage des échecs politiques. Devant l'accumulation des faillites, économiques, sociales ou civiques, le pouvoir se contente de panser. Il panse, donc il est... Il est soigneur quand son rôle serait d'être entraîneur.

Personne ne peut être hostile aux trois chantiers présidentiels qui consistent à soigner les cancéreux, aider les handicapés et éviter le carnage routier. Personne ne peut être contre la promesse faite par Lionel Jospin en 2002 de « zéro SDF ». Et pas davantage opposé à la lutte contre la misère ou aux lois de la gravitation universelle. C'est d'ailleurs là un des avantages de la politique compassionnelle : non seulement elle va bien au teint des politiques qui la mènent, mais elle tue le débat, faute de contradicteurs.

Le Bien, ennemi de la politique

Où l'on voit la différence entre la charité, fût-elle publique, et la politique. La première s'occupe – et ce peut être parfaitement légitime – d'un problème spécifique ou ponctuel quand la seconde, dans la discussion, la controverse, l'affrontement, après arbitrage et vote, doit accoucher de règles de droit s'appliquant à tous et devant profiter à l'intérêt collectif.

Où l'on voit que le but de la charité est de faire le Bien, et que l'objet de la politique est de faire le bon, ou le mieux possible. Quand le langage, les comportements, les postures des politiques envahissent le terrain de la morale, ils désertent celui-là seul qui devrait être le leur, celui de la responsabilité – en l'occurrence celle d'améliorer cette société de l'imperfection qu'est une démocratie.

Ainsi le pouvoir épouse-t-il toutes les causes porteuses, tous les combats flatteurs. Ainsi s'enrôle-t-il sous toutes les bannières du Bien. Le tsunami émeut ? Va pour le tsunami, au nom bien entendu de l'élémentaire devoir de solidarité dont la France... valeurs universelles... droits de l'homme... tiers monde... Les millions et les ministres pleuvent sur la région. Magnifique. Et tant pis pour les causes moins émotives, plus silencieuses, fatigantes pour tout dire. Tant pis si une partie seulement des sommes envoyées en Asie du Sud-Est eût suffi à éradiquer définitivement la malaria dans le tiers monde qui tue trois millions d'enfants chaque année[1]. Et tant pis si le séisme survenu en

---

1. Lire *Petite métaphysique des tsunamis* de Jean-Pierre Dupuy (Seuil, 2005), professeur de philosophie sociale et

octobre 2005 au Pakistan, médiatiquement médiocre (pas de touristes occidentaux, pas d'endroits de rêve) n'a pas fait recette, quels que soient les valeurs universelles, le devoir de solidarité et l'attachement au tiers monde dont se réclame la France éternelle[1].

Voudra-t-on un autre exemple, français celui-là, de l'absence d'une politique véritable ? En 2005, Alvaro Gil-Robles, commissaire aux droits de l'homme du Conseil de l'Europe, passe seize jours en France où il visite prisons, centres de rétention, hôpitaux psychiatriques, commissariats. Son verdict : la France est championne européenne de l'horreur carcérale. « Sauf en Moldavie, je n'ai pas vu de prisons pires que ça[2]. » Bien entendu, nous n'en ignorions rien : en juillet 2000, une commission d'enquête de l'Assemblée nationale, présidée par Laurent Fabius, avait écrit un rapport sur les prisons qualifiées de « honte pour la République ».

---

politique à l'École polytechnique et à l'université de Stanford. « Entre le tsunami spectaculaire et le tsunami silencieux que représentent les trois millions d'enfants qui meurent chaque année de la malaria dans le tiers monde, la compassion se porte spectaculairement, massivement, aveuglément sur le premier. »

1. La Croix-Rouge avait reçu plus de 100 millions d'euros un mois après le tsunami, 234 000 euros pour le séisme au Cachemire, tandis que l'ONU, lançant un appel pour récolter 312 millions de dollars n'en recevait que 57,5. (Le *Journal du dimanche* du 23 octobre 2005.)

2. *Libération* du 22 septembre 2005.

Mais l'émotion n'y est pas... Le respect de la personne humaine et sa dignité feront néanmoins de splendides discours à l'ONU ou ailleurs.

Preuve s'il en faut que la politique de l'émotion n'en est pas une, sinon étourdie, capricieuse, égotiste et voyeuriste. Au bon vouloir, au bon plaisir. C'est une navrante démagogie, une supercherie où l'on fait prendre pour de la bonté d'âme ce qui n'est que du trafic de faux sentiments.

On pourrait même dire, en poussant plus loin le cynisme, que ce marché compassionnel est antinomique de toute politique de prévention, laquelle raréfierait fâcheusement les drames si propices à la communion nationale[1]. Mais c'est un procès que nous ne ferons pas aux hommes politiques. Celui en abandon de fonction, captation abusive d'émotion, mépris du citoyen et avilissement d'esprit public suffit bien.

Que les médias, prompts à exploiter l'émotif, les encouragent dans cette dérive, qu'ils en soient les complices ou les auxiliaires, que

---

1. « Entretenir les forêts est une politique de long terme et coûteuse qui vise à réduire le nombre d'incendies, donc à diminuer les occasions de spectacle. Vous ne passerez pas au journal de 20 heures si vous consacrez du temps et de l'argent à débroussailler » dans « La Politique de l'émotion ou l'Antipolitique », par Maurice Goldring, ancien professeur à l'Université Paris VIII-Saint-Denis, *Le Monde* du 1er septembre 2005.

nombre d'élites intellectuelles donnent aussi dans le misérabilisme sociologique, que le climat ambiant soit celui d'une société de soins palliatifs et d'accompagnement psychologique, voilà ce qu'ils ne manqueront pas de plaider. Circonstance atténuante, admettons, mais citoyens, médias et hommes politiques ne sont pas également coupables. Seuls ces derniers se sont présentés devant le peuple et ont été élus pour le conduire, ce qui ne veut pas dire le suivre, encore moins le flatter ou, pire, l'encourager dans ses penchants de facilité.

Droite et gauche, on le craint, sont également passibles de la même indignité. La première par son déni de pouvoir dû soit à ses échecs, soit à ses renoncements, soit aux deux. La deuxième, faute d'autres belles et nobles références, s'identifie très volontiers à tout ce que la société produit de victimes qui souffrent : les sans-papiers, les sans-domicile, les sans-travail, les sans-patrie. Un phénomène que Michel Wieviorka appelle « le néo-gauchisme » : « Il surfe sur des émotions et alimente des postures de rejet et de refus qui ne s'accompagnent jamais de contre-propositions réalistes[1]. »

---

1. « PS : le virus du néogauchisme » dans *Libération* du 14 octobre 2005.

Droite et gauche ensemble, parce qu'elles partagent la même envie de se faire bien voir, la même démagogie lacrymale, la même complaisance à la complainte, la même servilité à la doléance. Parce que les deux ont répondu de la même manière au reproche qu'on leur faisait d'être lointaines des gens et coupées des réalités : en se vautrant dans l'humain.

Or, il ne s'agit pas là de simples travers comme il est permis aux politiques d'en avoir. Mais d'un virus qui s'en prend à leur disque dur et le pervertit. D'un virus qui, par contagion et par interaction, contamine l'ensemble d'un pays et le prive de ses défenses immunitaires, de ses ressorts et de ses ressources.

Voudrait-on saper de l'intérieur, et insidieusement, une civilisation que sans doute le virus virulent de la compassion serait le meilleur agent de cette stratégie. Tenir pour la norme la condition de victime et tout calibrer à cette aune-là. Flatter le toxique plus que le tonique. Le cœur en étendard, mais l'esprit en berne.

Table